合作父母與親子會面

一群本土社工的看見

資深心理師 鄭玉英——總策劃
黃心怡、謝子瓔、劉于瑞、宋名萍、蕭丞芳——作者

目錄

〈專文推薦〉

離婚不只是簽字

江文賢

離婚不就是兩人簽完字就解決了，有那麼難嗎？

多數離婚最大的難處，就是難在並非是雙方都想離婚，於是彼此會拉扯，特別是不想離的那一方，他的想法或決定往往會反覆不定；對他而言，同意討論離婚可能是想要藉由商談的機會，看看能否讓伴侶離婚的心思有所轉圜。離婚很難，難在原以為自己會跟對方走完一輩子，卻不知從何開始，對方已悄悄計畫分道揚鑣的新人生目標，聽著想離的一方有條不紊地說著離婚條件時，才驚覺對方不論是財務或其他事情，早已規劃多年，這往往讓被離的一方難以接受，懷疑眼前的人真的是自己認識多年的伴侶嗎？離婚很難，難在彼此貌似很理性地在協商離婚條件，但常常在過程中，一不小心就把彼此拉到討論過往誰對誰錯的議題上，爭執的火花一旦點著，便難以回到主軸，因此調解雙方離婚也不是件簡單的事。

離婚的第一個關卡不在簽字，而是自己的情緒，一旦無法先看清自己的情緒、照顧好自己的情緒，往往情緒就會反客為主，控制了思緒，讓人做出自以為理智的決定，但那不過是情緒主導的想法而已（Kerr, 2020）。有人在離婚當下自以為瀟灑，也或許是急著想要結束婚姻，認為自己可以放下一切什麼都不要，等到真正離婚後才發現，不論住所、金錢、個人保險、公司經營權以至於孩子的監護和探視權利等等，皆不如己意，生活也可能因此陷入困頓，才又開始怪罪對方沒良心。也有這樣的夫妻，認為是對方的錯，何以對方還可以如此咄咄逼人地談論各種離婚條件，因此在沒有得到對方的道歉之前，就是不肯簽字，兩人可能因此在法院付出多年光陰。

離婚不只是簽字，也不只是兩人的事。首先，即將離婚的父母，要記得你們是切不斷關係的，就算你想切，孩子也不容許你切，如果你執意不想再理會對方，那麼孩子便注定要被牽扯進你們夫妻倆的情緒糾葛中；即使只是叫孩子傳話給對方，都可能漸漸地讓孩子的情緒受影響，不論是生理徵狀、情緒問題或是行為偏差的問題，都可能會找上你們的孩子。家人永遠是一個會情緒相互感染的群體（Bowen, 1978），即便你們夫妻離了婚，只要你們沒放下這段婚姻關係的緊繃情緒，孩子往往就會下意識地吸收這些情緒，一旦孩子的情緒調節失靈，那麼他出現各種症狀也是可預期的，所以如果離婚的夫妻能夠成為合作父母，那將是離婚夫妻給孩子最好的禮物。其次，離婚不會是關起門來的事，當當事人沒有做過多的說明，那麼各自的家族、朋友或街坊鄰居可能會自行揣測、想像各種兩人離婚的原因，然後編造出各式劇本，開始在公開的場域或社交媒介上相互討論、八卦，在這些七嘴八舌的劇本中，一定會有所謂受害者和加害者、對的一方錯的一方，複雜的家庭關係就這樣被簡單二分法成好人跟壞人的故事情節，這對於離婚父母與孩子而言，又是另外一種壓力。

離婚就像是同船修行的「2（夫妻）+?（孩子）+?（親友）」成員，同為領航員的夫妻決定靠岸下船，分成二艘船繼續前行。記得，在靠岸下船前，有幾件行李需要先打包整理好：

第一，你自己的情緒：關照它、陪伴它，不急著在壞天氣的情緒下硬要靠岸下船。

第二，你自己這個人：或許你一直是全心投入這個婚姻、這個家，如今選擇要下船，你得重新把自己找回來，重新選擇一條新的航線，帶著與你同行的船員朝新目標邁進。

第三，你的孩子：包括監護權與探視權，協助他們適應未來要遊走二艘船的生活模式，他們主要在哪裡生活，要怎麼跟另一位父母聯繫或探視？同時，也要避免讓他們過度涉入父母的情緒。只要父母各自把船開好，他們也就能順利地適應這個轉換，成為二艘船的長期或短期船員。

第四，你的親友：他們可能是你的資源也可能是你的額外壓力；不要封閉自己，去尋求親友的協助，也不要過度失去自己，沒了自己的界限，反讓別人幫你決定你的航線。

第五，你的財務：如果可以，釐清自己和這個家有哪些資產或債務，哪些在自己或對方的名下，在離婚協商的過程中，你可以接受退讓的底線又是什麼？

第六，你的法律知識：你是否了解離婚所延伸的相關法律，你是否了解離婚協議書上的文字定義，你是否有法律人可以諮詢，或者你是否需要聘請律師協助？

離婚對多數人來說，都是生命中的第一次經驗，更需要好好去學習與準備。在離婚率越來越高的社會中，相關的教育推廣或研究卻還是相對地缺乏（Lebow, 2015），很感謝現代婦女基金會的社工們，願意花時間整理他們在法院現場的第一手工作資料，讓大眾得以窺見台灣目前離婚現場的樣貌。從過去幾年與他們的合作經驗，我知道他們都相當投入這份工作且認真看待每個家庭，期盼大家能夠藉由他們彙整的心得，協助自己與周遭的親友走過這段下船上船的過渡期。

（本文作者為婚姻與家庭治療博士、懷仁全人發展中心心理師）

〈專文推薦〉

法院的孩子怎麼了？

李莉苓

來到家事庭的當事人，多半是帶著傷來的，對於法律有很高的期待，也希望法院能讓對方有所改變。如果裁判的內容不能實現，當事人就覺得權利不被司法保障。

■「法律」或「法院的裁判」能不能讓人改變？

家事事件真正的問題不是出在「權利義務」，而是「關係」。若關係沒有處理好又不能結束，僅爭執某項權利義務，下次遇到他項的權利義務，恐仍難自行解決，祇能再回法院爭執。當夫妻關係出現裂隙而分居，一方請求離婚，即使法院認為欠缺法定離婚事由，而裁判不准離婚，夫妻關係不會因此和好如初，或是分居現狀即告變更。

親子關係也是如此，當法院裁判探視方可以隔週與子女會面，不代表過去拒絕會面的孩子，會因為法院裁判就突然變得期待與探視方見面。幼小子女會面交往的不順利，則與父母關係的不協調有關。裁判宣示了法律規範下具體的權利義務，但對於「關係的修復」，則屬人的經營行為，非法律所能助。若以強制執行的方式由公權力介入法院裁判會面交往的內容，不僅二週一次的繼續性聲請令人心力交瘁，且不考慮履行意願的強制過程可能使關係更加緊張與對立，而致會面交往益增困難，甚至衍生更多的訟爭。實際上，親子及父母關係的建立或修復，才是父母順利與未同住子女會面交往的長期擔保。

■可以改變的是什麼？

大部分都是當了父母之後，才開始學做父母，更不要說是離婚的父母。在法院打離婚官司及爭取子女主要照顧者的高衝突父母們，正處於受創或生命改變程度第二強的負面經驗（據Homes & Rache的研究，強度第一位是喪偶或父母過世），面對關係的破裂及對未來的不確定感，除了須全力集中火力在眼前的官司，還要兼顧打理新的生活及經濟方式，可能都還來不及處理自己因婚姻破裂所生的傷痛和失落，也就沒有多餘的心力去思索孩子的需求和自己的需求不同，對方對孩子的意義（父或母的唯一與不可取代性）與對自己的意義（配偶可取代性）截然相異；何況孩子可能正在經歷父母幼年沒有經歷過的事，因此父母不能從自己的人生經驗中去同理孩子的處境和擔心、矛盾和為難。

這些困難我們理解，我們也知道父母的思考角度可以經由認知而改變。與親權（俗稱監護權）有關的家事事件進行調解程序前，許多法院都會先請父母上親職教育。有一個有趣的現象：通知父母報名時不想來，上完課時又不想走。許多問卷調查的回饋是：「如果早點上課也許事情就不會變成如此；父母在離婚前，甚至在生小孩前，就應該上親職教育課程，先建立一些觀念。」

是什麼觀念讓來法院的父母有深切體會？簡而言之，在父母離婚的過程中，影響子女身心負面程度的最直接因素，是父母衝突的強度，而不是離婚本身。當家庭變得高衝突時，不僅限制了孩子的思想、認知及人際關係等方面的成長發展，產生沮喪、崩潰、恐懼、憂慮等負面情緒外，生理上也受影響，並較一般孩子有更高機率罹患嚴重精神疾病。

■我們的孩子怎麼了？

台灣父母離婚或分居的兒童，有近四成表示自己很少見到爸爸或媽媽，一成七表示同住方不喜歡他們與另一方連繫*。父母離婚過程中，往往有意或無意將子女捲入彼此的衝突，使子女向被離間的父或母表達沒有正當理由的仇恨或強烈厭惡，而使另一方父或母無法與子女接近，甚至未經他方同意擅將子女帶離（拐帶子女），使子女成為父母角力的籌碼與肉票。

★父母都在庭外等候，我聽到孩子說：「法官阿姨，我快死了。」

父母對孩子而言，一是天，一是地，彼此既不可取代，也都是唯一。離婚後的父母，不論之前如何水火不容，在孩子的議題上，像在同一艘船上，也像合夥關係，孩子好，父母一起好，孩子不好，父母也須一起承擔，不會是一人賺一人賠。然而在對立的法庭親權爭奪戰場上，父母卻以「子女利益」為名，各自拿出最強力武器攻擊對方，對孩子而言，這個過程就是天崩地裂的景象。

★一對小兄弟在會面交往室要社工姊姊保證：「絕對不可以跟媽媽說我們和爸爸玩得很開心……。」

兄弟和父親在會面交往室玩得吵翻天，時間快到了，哥哥驚覺提醒弟弟「變臉」後，走到母親面前說：「我好想回家，爸爸好討厭，我不想再見到他。」母親下次到法庭問我：「這樣違背孩子的意願和爸爸見面，是孩子的最佳利益嗎？爸爸做人失敗，孩

＊兒童福利聯盟，離婚/分居家庭子女心聲調查報告，2016年。

子不想看爸爸，是他自己造成的，跟我有什麼關係？」

我們眼睜睜看著孩子在父母面前不停地換面具，但，我們能拆下孩子的面具嗎？該怎麼讓母親理解孩子的為難，而且這個為難是與她有關——當她祇看到孩子其中一個面具的時候。孩子適應力往往比父母強，他們用自己的方式照顧父母雙方；在轉介諮商的過程中，與其說是處理探視方與孩子的親子問題，不如說是處理同住方與探視方的關係。後者才是因，前者是果。

★小六模範生孩子哭著說：「法官大人，媽媽說要見我是她的權利，那我的人權呢？」

當博士媽媽請求法院強制執行法院裁判與孩子會面，執行處委託家事庭處理，口齒清晰早熟的孩子工整地寫了一封信帶到法院說要見法官：「以前都是爸爸照顧我，媽媽祇顧她自己，我好害怕同學知道我媽來法院的事，我好丟臉，每次她說要見我，我就發抖，一星期睡不好，影響功課，她可以不要打擾我的生活嗎？」探視方父母遭孩子拒絕，除了心碎，怪罪對方幫孩子洗腦是一個令自己較能接受的理由，特別是當探視方對孩子的記憶仍停留在幼年依附性強的美好時光。當孩子與探視方的心結未化解，沒有準備而勉強孩子去應付會面形式，不但不能達到增進親子關係的目的，反而可能使關係更加緊張惡化。

■誰是贏家、誰是輸家？

親權爭訟最後真的有絕對贏家嗎？法律上的勝訴又是以什麼作為代價？

在法院為親權爭訟的父母和一般訟爭的兩造當事人類似，雖然邏輯上有一半的機率官司會輸，但雙方都相信自己有充分理由會贏（認為自己會輸的人不會來法院，所以輸的一方與期待相反，往往會認為是司法不公所致，自己所相信的事實不會輕易改變）。請求與子女會面交往的家事事件，常聽到同住方說：「他沒有付扶養費，為什麼要給他看孩子？」探視方說：「他不給我看孩子，為什麼我要付扶養費？」扶養費與會面交往，原來都是為了子女成長所需而設，是子女兩項不同的權利，但在父母「同時履行抗辯」和「抵銷」自作主張之下，孩子無一可得。扶養費與會面交往不同的是，前者還有追償的可能，但後者卻隨時間而逝，不可回復。父母各自未盡的義務，在自認為有正當理由拒不履行之下，孩子應獲經濟上支持以及與非同住父母維持親子連繫的權利均被犧牲了。有些父母裁判後又因執行不順，互控對方未履行義務，再回到法院進一步聲請將共同改定單獨親權、變更會面交往方式、請求代墊扶養費、變更子女姓氏，甚至另節外生枝而聲請保護令、刑事傷害告訴、民事損害賠償……，陷入父母纏訟的惡性循環，直到孩子結束童年及青少年歲月。戰火中的孩子，最後帶著累累傷痕走進成年。

■我們嘗試以專業合作打破親權爭訟的惡性循環

大部分的家事事件在進入法院審理前須經過強制調解，就子女親權事件，臺北地方法院家事庭希望爭訟的父母在進入對立的法庭審理程序、互相攻擊防禦之前，能強化審前調解程序，力促父母以溝通、互相讓步妥協以達成協議的方式，自主解決紛爭，並能藉此增加自動履行協議內容的意願，取代法院裁判與強制執行可能引起的循環爭訟。

除了自一〇三年起首創家事專辦調解法官，並加強與家事服務中心合作轉介親子會面交往及諮商服務，規畫親職教育課程等，期能自調解程序的會面交往促進及操作開始，讓父母釋放並認知彼此善意，重建合作父母關係，以此打破親權爭訟的循環。家事服務中心社工因此累積親子會面交往案例，並在案例中累積經驗與專業。

當事人都覺得自己的情況特殊、艱辛異常：「法官／社工你們沒經歷過，所以不能體會我的痛苦。」我們好想跟爸爸媽媽們說：「你們的故事在法院以不同版本不斷重複上演，我們知道要改變現狀不容易，但我們看到有改變的可能和方法，你願意試嗎？」

托爾斯泰的小說有句話：「幸福的家庭是相似的，而不幸的家庭各有不同。」是的，順利的會面交往都很像，但不順利的原因各不相同。與子女會面交往的目的是維繫子女與探視方的親子關係，需要同住方的認同與協助，探視方的耐心與配合。

這本書介紹法院轉介的會面交往案例，試著歸納出成功的會面交往所具有的準備，以及不順利會面交往的可能因素，是一本離婚後父母如何走向成功的會面交往的教戰守策：父母雙方可以在前人的經驗中，審視探視方過去被拒絕、失敗又失落的經驗，探索成功的可能轉捩點；以及同住方對子女有形無形的各面影響，和對方親子關係斷裂對孩子的獨特負面意義，與在會面交往過程中的絕對促進地位。改變別人也許不可能，但藉由改變自己的態度和行為，就有機會改變與對方的關係。在此，

——為面對一次次挫敗失落，仍堅持不放棄與孩子會面聯繫的探視方，表示敬意。

——為排除萬難獨力扛起照顧孩子責任的同住方，表示佩服。

——祝福我們的孩子們，在童年經歷炮火重重的戰爭後，仍具自信並對人性保持正念，且創傷終有機會能獲認知與療癒。

（本文作者為臺北地方法院家事庭調解法官）

〈專文推薦〉

愛，永遠不只是自私的付出

姚淑文

很高興看到基金會出版這本書！

當社工介入家庭暴力家庭的處遇工作時，往往危機因應是第一優先要面對的事情，隨著安全計畫的擬定與執行，慢慢也看到暴力家庭下的更多議題；為了婦女及子女的生命安全，離開或許是最不得已的選擇，甚至為了安全或子女的未來，離婚成為最重要的抉擇了。

以前在社會資源不足情況下，脫離暴力後的社工處遇，就只能說再見，現在法規與社福政策更為完善下，更多需關照的課題也因應而生，終於，在基金會的社會工作，不再讓人感受只協助離開或離婚，而能有更多關懷在離婚的準備與離婚後的陪伴，也因應親子問題，提出離婚後「合作父母」的呼籲與教育工作。

離婚後的單親或單身生活看似穩定，但卻也需要面對一路修正的親子關係。在學校常常聽到家長口口聲聲表示，為了小孩已經很努力付出了，為何總喜歡找麻煩？有時爸媽口中的努力付出，其實都只是按照自己想法，一個自我自私的作為，畢竟父母在離婚後關係不再，以往的甜蜜都變成憤怒的原罪。離了婚，離不開曾有的關係，斬斷關係卻斬不斷小孩與另一方的血緣，不管血緣卻也不得不管小孩需要父母雙方的親情與愛。

我曾進入婚姻也離開婚姻，帶不走的愛情可以割捨，帶走的小孩，是讓你重新跟著小孩一起成長。從單身到單親，一路走來真的不容易。

記得當年離婚後，第一件不適應的事情，就是生活步調秩序亂了；那時帶著小孩回到家中，幾次發現沒電沒瓦斯的困境。我竟然連好幾個月都忘記要繳水電費這件事情，原來以前至少還有個人可以交代。第二件事則是孩子問你爸爸在哪？當我帶著小孩坐上火車回娘家時，孩子看到其他小孩有爸爸抱著哭鬧，我的孩子沒哭但問我「爸爸去哪了？」那時我卻哭了。

第三件是如何應付別人對單親媽媽的質疑。孩子小時候，我帶著他坐計程車到動物園，路上司機伯伯不斷問我個人資料，舉凡工作學歷背景等，當他知道我身為一個基金會執行長又是博士生，不斷誇獎我的認真努力，只是當他問到先生為何沒有同行時，我直接表達離婚、是個單親媽媽。不料司機伯伯話鋒一轉，卻勸我一定要趁年輕找個年紀大的男人再嫁，因為女人沒有男人依靠是不行的；當下再度印證社會大眾對離婚女性的歧視。

上述的問題，我想都能在時間調整中適應，但孩子的照顧與教育，卻是我離婚後就必須面對的問題。離婚後我依然選擇住原來的房子，主要目的還是為了照顧小孩。當年房子就買在公婆家對面，讓兩個家庭可相互照顧也可有彼此的自由空間。但是離婚後，觸景確實也傷情，可是在台北缺乏娘家支援下，我選擇暫時不改變現有生活空間和方式，因為我知道前夫也搬離家，短暫時間內我們應該不會常碰面。所以我依然天天帶著孩子讓前公婆帶，晚上到前公婆家聊天後帶小孩回家睡覺，一旦碰到小孩突然生病，也方便有人幫忙支持與照顧。

這些便利照顧小孩的選擇，讓小孩減少環境適應的衝擊，也減少剝奪小孩應該擁有的親情和關係。但因後來仍得面對前夫，於是我和小孩搬家了，選擇有點距離又不遠的距離，讓小孩在幼稚園、小學、國中就讀過程，都能在兩家人的愛與照顧下成長。

一直以來，朋友羨慕我離婚後還能跟夫家維持一定的聯絡，也沒有惡言相向。這點確實是當年王燦槐老師的一席話影響我；他說：「離婚或許是問題的結束，卻是另一個問題的開始，為了小孩，你要勇敢面對前夫，跟他學會朋友關係的開始。」王老師希望我既然勇敢選擇離婚，也要勇敢維護小孩在親情的權利，好好與前夫和前夫家庭相處。老實說，剛開始是簡單也是困難，簡單是因為他搬離家庭，我回到前夫家無須面對他，困難的是我在那個家的角色如何恰如其分而不為難。隨著孩子的成長，我慢慢減少接觸時間，真正讓自己的心和行動都自由。此外，跟前夫的各種互動，也因前夫回歸單身、回歸他的家後，也才有機會真正面對。只是，畢竟關係不再，互動過程只能做到淡定，小孩事情說完就離開，甚至通訊軟體方便後，很多事情就藉由文字說明一切了。若要說是合作父母，或許個人案例比較像「合作親戚」的表現。

現在，孩子已經高中了，隨著他的成長，我也看到前夫認真成為父親的努力，當我認同這一點時，回想到離婚當時，還好我選擇不交惡，至少這點我算是做對也做到了。而我能有勇氣及寬容面對，或許勇氣來自於對孩子的愛，知道不能自私及自我；寬容應該是當時兩個家庭的共識，包括我和前夫雙方的家長，了解到「因為彼此的退讓一步，孩子的空間會更大」。

（本文作者為東吳大學健康暨諮商中心主任）

〈專文推薦〉

走出困境的智慧

范國勇

二〇一九年台灣有十三萬四千五百二十四對夫妻結婚，結婚率為五．七，創歷年來的新低；離婚對數為五萬四千四百七十三對，離婚率為二．三一，也一直維持在高離婚率的狀態。俗話說「十年修得同船渡，百年修得共枕眠」，本來結婚是「有情人終成眷屬」的祝福，但因婚後種種生活適應、溝通、經濟、養兒育女、甚至感情出軌，讓原本人人稱羨祝福的佳偶，變成了怨偶，最後對簿公堂，大打離婚官司。

夫妻本是沒有血緣關係，但因愛情讓雙方願意結為一體，共組家庭，一起為養兒育女打拼。所以雙方感情融洽時，真的是「你儂我儂」。然而當夫妻感情破裂，無法復合時，往往彼此傷害，無所不用其極，比仇敵還仇敵！你要的，我偏不給；你不要，我讓你消受不了。

夫妻談離婚，除了財產分配問題外，最棘手的就是未成年子女監護權的處理。我們經常看到，孩子變成父母的「球球兒」。有的父母極力爭取監護權，孩子像橄欖球被搶來搶去；但也有父母避之唯恐不及，孩子就像躲避球般被丟來丟去。

有的夫妻離婚官司已結束，但孩子要如何與離異父母相處，卻是一大考驗。孩子到底要和同住方的父母站在同一戰線，還是與探視方通同一氣？確實會造成孩子對父母親的「忠誠」問題，進而影響孩子的人格發展。研究發現，生長在高衝突家庭裡的孩子，會缺乏安全感，人格特質傾向神經質，有焦慮、叛逆、暴戾、抑鬱、衝動、脆弱和自我意識強烈的現象。我們相信父母親大都很愛自己兒女，不願意看到孩子成為人格扭曲者，影響他們大半輩子的人生。

現代婦女基金會長期入駐法院，服務家暴及家事案件的當事人，我們發現孩子的想法比父母所知的還複雜。為了讓離婚父母更能了解，孩子未來的幸福才是為人父母最要關心的事情，我們努力推動「同心守護球球兒——高衝突家庭協助計畫」方案，持續倡議「合作父母．友善溝通」的觀念，希望離婚父母縱使做不成夫妻，還是孩子的父母，孩子需要雙方的照顧，也需要雙方的關愛。基金會工作夥伴們將多年的實務工作和現場觀察，集結成十四篇文章，篇篇都是血淚故事，一字一句都扣人心弦。

我很願意推薦這本書，給天下的父母親或年輕朋友們。婚姻是上天賜給我們的修練，不管是否能修得正果，一旦有了孩子，孩子的幸福就是父母親最重要的事；雖然做不成夫妻，但還是可以合作扮演好父母的角色。

（本文作者為現代婦女基金會執行長）

〈專文推薦〉

總有一天

賴芳玉

有一條路，只有百哩的距離，卻要用一公升的淚水，走了幾年也到不了盡頭的路。

有位媽媽坐在我旁邊，撕心裂肺地咳，她用掉一大包的衛生紙包住每次咳出的穢物，她邊咳邊說：「賴律師，沒關係的，不要勉強孩子，這樣就好，等諮商師評估孩子準備好了，再見面就好了。」

我緊緊抿著嘴，抑制眼眶的酸澀感，內心怒吼著法律不是這樣的。沒有人可以利用小孩就迴避法律的規定，親子會面交往權是我國法律明定，也是兒童權利公約的規定。但她搖搖頭「別勉強孩子……」，我尊重了她的選擇，但二年後她在母親節前夕去世，去世前留下一篇篇對孩子的思念。

連陌生人都可以和她的孩子自在的相見，而這個媽媽卻是直到臨終前都看不到孩子，走了七、八年也到不了盡頭的路。

有個爸爸無奈地對我說：「賴律師，算了，孩子長大自然就會明白……」我試圖遊說：「請別放棄，父母離婚，很多孩子已經有被遺棄感，或許你爭取探視，能讓孩子明白你從沒有遺棄他……」，他說：「可是每次我去看小孩，前妻一家人都是大陣仗的錄影，每探視一次，孩子就目睹這些衝突。」他說得沒錯，目睹衝突只是加深孩子的傷痕，於是他放棄探視小孩，至今已十幾年了。法院雖判決了，卻還是看不到孩子，法律不是這樣的，但又如何？

這二則故事，不是距離讓親子走不在一起，而是關係的連結徹底斷裂，宛如孩子失蹤般地讓人失落與思念。

身為第三者的你如何看這二個故事？不捨？還是困惑為何有這種事發生？或是對法律解決不了問題而感到忿忿不平？

但你若曾身為「當事人」，也就是曾經歷離婚、親權爭議的父母，你是否會興起一絲「理直氣壯」，「別把看不到孩子的父母說得這麼悲情，誰知道他們做了什麼，否則孩子怎麼不見父母？」「那些阻撓或離間親子關係的父母實在很可恨，他們應該被剝奪親權，法律無能……」。兩種對立的聲音都相當堅定，至少比夾在中間的孩子還清晰地知道如何表達立場。

相同的故事，不同的位置，有著迥異的敘事。然而身為第一線的社工團隊在擔任親職協調員提供會面交往的合作父母服務時，他們有更多想表達的視角與觀點，彙整所服務的個案，試圖找到更適當的方式，接住每個身處困境的當事人，理解離婚父母不願見到對方，卻因為孩子必須「藕斷絲連」的苦楚，以歌頌他們願意走向合作父母的英雄之舉，披荊斬棘般的開拓出一條親子相見的路，讓親子不要在彼此的人生中錯過。

看完整本書，我是感動的。這是首部把咫尺天涯的親子之路，書寫得如此寫實，誠摯地在不完美的故事中尋找專業視角。我想，在這群親職協調員的協助下，終能改變走了幾年也到不了盡頭的百哩距離。

總有一天，想見就能相見。

（本文作者為執業律師）

〈短語推薦〉

各方的感動與迴響

父母給予孩子的愛不該被犧牲，把大人之間的問題由大人來處理，孩子就可以回歸孩子的角色。

——小禎，藝人

相愛容易相處難。當兩個人愛情緣分已盡，怎麼讓孩子在擁有愛的環境下成長，「合作父母」成了人生轉彎處的習題。本書從社會工作的視角，看見在放手之後，親情依舊在的寬容。這點點滴滴孩子和父母的親情篇章，像是生命教育的無形教本，值得推薦並反思再三。

——王如玄律師，常青國際法律事務所顧問律師

閱讀每一章故事時，過去與每個家庭工作的每一幕都躍然紙上，執行親子會面交往前同住方的擔心、探視方的期待與孩子的掙扎，屢屢勾起我內心的悸動，我何其有幸能與這團隊合作。

如果您正在經歷離婚議題，或是彼此已無婚姻關係、但為了看孩子經常產生衝突與爭執的父母，讓這本書來陪伴您，為孩子成為更好的自己。或許現在對您來說，「合作父母」太沉重、太遙遠，建議您從第二章〈父親的獨白〉、第三章〈母親的心聲〉著手，相信您能從中得到很多的共鳴，沉澱您的心情。再回頭以平靜的心閱讀第一章來認識「合作父母」的精神，以及當每次親子會面時，如同操作手冊般的提醒。接下來，希望您能細細品嘗與您相同經歷的會面交往議題的八個生命故事，聽見孩子的聲音。

如果您是執行會面交往的專業工作者以及相關專業工作人員，第十二章認識「家庭系統」和「依附關係」是與家庭工作不可或缺的基礎，但是會面時孩子涉及到的「忠誠議題」，卻是在陪伴孩子的過程中必須建立的敏感度，不是片面的理解孩子口語上的表達，還要從整體動態的處境來了解孩子的為難。第十三章、第十四章詳細地說明執行親子會面交往服務的步驟以及認識親子會面協調員的角色，是多年從事這份工作所累積的經驗與精華。

這本書不但是這群多年投入實務工作者的整理，也將是陪伴每個正在經歷會面交往議題的家庭，經歷這段過程的重要處方；更是有志投入這份工作專業人員值得珍藏的教戰手冊。

——**李麗慧，家事調解委員、全芯創傷復原中心主任**

當夫妻愛不下去時，答應孩子的「愛裡成長」呢？

這是部「家書」，真實呈現衝突家庭的困、苦、淚、掙扎的故事，也是第一部由司法社工在親職協調最前線，不離不棄幫助懸崖上的家庭，促成合作父母的感人敘事。真心推薦每個人都應該閱讀這本生命之書。書中的溫度是愛的溫度；文字的味道，是希望的滋味；還有，故事裡的情感，正是我們祝福下一代的力量。

——**林美薰，台灣兒少權益暨身心健康促進協會理事**

多年來，跟著律師老公一起在事務所工作，自己也在經營「律師娘講悄悄話」這個粉絲專頁時，接收到很多粉絲在離婚時、離婚後，關於親權的行使，無法跟對方達成共識，所以尋求法律協助的訊息。

一段婚姻關係的結束，難免會帶來傷痛，學習成熟面對，而不讓子女們一同受折磨，是學不完的功課，這些就讓我們在《合作父母與親子會面》中，社工的經驗分享裡思考答案吧！

——**林靜如，「律師娘講悄悄話」版主**

作為家事律師以來，訴訟中的孩子樣貌，總是最令人揪心的。猶記得初執業時，法官在庭上告誡父母的話：「你們拚命拉，但手上的繩索是套在孩子的脖子上呀！」孩子的傷，有時藏在懂事與體貼之中，而看不見的傷，往往最痛。

如同書中所述，合作父母不是本能，是需要學習的。對於處於對立訴訟中的父母，要時刻保持友善，真的很不容易。但也正因這樣的不容易，讓書中主角的每一則反思與掙扎，都特別深刻而動人。在此，特別想真摯地對這些父母、社工說聲辛苦了，敬佩也謝謝您們的用心與努力，為孩子撐出了「愛」的空間。

——柯萱如，律師、公共電視《青春發言人》主持人

在家事庭反覆來回深陷自身愛恨糾葛的父母，常看不見孩子的需求，看不見孩子的為難、擔心、焦慮及內心深切的渴望與期盼。

一直期待國內有更多相關合作父母及親子會面的書籍，能讓我們更貼近地了解及學習，本書即是我國專業社工珍貴服務觀察的呈現。透過此書我們得以清楚看見，孩子為難下的輸誠、孩子擔心的失眠、孩子內心愛爸爸也愛媽媽的深切渴望，以及對父愛、母愛的殷殷期盼；也得以看見，透過專業的協助，如何化解父母間的誤會、敵意，避免孩子的為難與辛苦。

本書親子會面交往服務的模式，相信也會是未來各家事服務中心最佳的參考資料，親子會面交往的協助，對處在父母衝突下的孩子，意義重大，而專業助人工作者努力下的每一步進展，都成就非凡。向所有網絡中為這些孩子們想方設法的夥伴們致敬，相信此書的出版，定能協助不再是夫妻的父母，面臨離合決定的父母，有機會學習理解孩子們心中的苦楚與擔憂，讓孩子回到屬於他們的純真時光，容許他們能放心地思念另一方，不用戴著面具在父母之間穿梭。並學習共同為孩子努力，攜手合作，讓孩子沒有懼怕地迎向未來，相信這才是未成年子女最佳利益的具體實現。

——涂秀玲，臺中地院家事庭庭長

很多篇章，在淚水中讀完。孩子並非家事案件中的原告或被告，卻被訴訟直接宣判未來，法院因此有了「親子會面協調員」這個角色，試著告訴所有人：孩子們從來無力阻止爸爸或媽媽要如何恨對方，但愛恨之間，請讓孩子還保有愛人的權利與能力，好嗎？

——莊喬汝，德臻法律事務所律師

儘管從十五年前就開始協助處理家暴、離婚、未成年子女等諸多家事案件，至今也已經勉強是個有經驗的律師了。但當我打開這本書，讀不到十頁，卻還是忍不住心痛地闔上書，去抱抱我那個正在玩超人人偶的兒子。

絕大多數面臨分離的夫妻，全心都沉浸在對對方的怨恨、不甘、痛苦中，光處理夫妻間的問題，就已經耗盡了心力，無力再顧及子女，委實是人情之常。

然而，子女何辜？父母衝突造成子女的不幸，已然是場悲劇，將對對方的不滿移轉到子女身上，難道不覺得自私嗎？希望這本書中每一個真實的故事，都能帶給面對分離的每一個人力量、經驗與希望，讓我們有勇氣追求一個離婚但不單親的家庭。

——陳又新，弘鼎法律事務所律師

不只台灣，許多國家的離婚率都越來越高，現代人看待離婚這件事的心態的確更「開放」了。無法再共同生活的夫妻選擇分開沒有對錯，但如何為了下一代做到「合作父母」，則是一個進步社會該面對的課題。

這本書不只希望促進離婚父母思考，同時也分享了多位專業社工在實際服務中，深刻感受到離婚雙方因為「愛孩子」這個單純動機，所願意付出的努力和動容的時刻。我相信這本書值得每一位父母閱讀，無論你是否正處於離婚當下或離婚後的狀態，它可以帶來一些省思和協助建立一段正向關係。

——陳延昶，486團購企業家

當不成夫妻，但永遠都是孩子的父母，別讓婚姻成為阻礙孩子獲得對方愛與關心的機會，給孩子一個有父、有母陪伴的童年。

——黃子佼，藝人

如果說，關係的撕裂，是難以忍受的傷痛，還好這徹夜難眠的苦與痛，有人能夠了解，也願意陪伴……。很開心看到在忙碌與高壓的臨床工作之餘，這群專業社工，能將當事人的心聲與專業協助的過程集結出書，照顧更多為「情」所苦的家庭。

——黃春偉，力人心理治療所督導

歷經訴訟與嚴重衝突的夫妻，還有可能在育兒上攜手合作嗎？本書透過多篇精彩、生動且貼近法院現場的故事，邀請你用孩子的心去感受，看見關係中新的可能性！一起延長每個孩子對父母的美好回憶！

——黃柏嘉，諮商心理師

身為一個承辦家事案件的律師，做了越多年，發現自己在跟當事人諮詢時，法條的討論越來越少，而為了追溯雙方的關係是為何開始崩壞、尋根究底找到糾結心結，花費的時間則越來越多。

誠如本書開頭就提到的，在家事事件程序中真正能成全、寬容、將大人之情緒與對孩子的照顧切割的人，是展現人性中難能可貴的高尚情操。親權事件的事例，許多看來都似曾相似，可以說令人遺憾的在社會上一再重演，而多少人是因為法律上利益的堅持、家族的情緒壓力等相對於家庭本身「外在的因素」，而做出會對孩子造成更多傷害的選擇。

我們在法庭上能跟法官訴說的時間很短，調解過程稍微多一些時間能吐露彼此心聲，但還有一群與法庭配合的社會工作者，他們與個案相處及觀察的時間更長，更貼身地了解當事人之間的糾結，還有孩子在這程序之中的壓力與轉變。

很榮幸受邀搶先一睹本書，這本書提供了法官、律師、調解委員都未能窺見的不同角度，其中不僅從社工、心理師眼中看到令人動容、悲憫、無奈的個案，也提供了改善彼此關係的溝通技巧、家庭系統理論、家庭社會工作理論，及介紹法院會面交往的步驟。

即便當過同住方以及探視方的律師，我從此書都還得到了我所不了解的面向，相信無論是已經在程序中或在程序前徘徊的父母親，如能閱覽此書，會對自己眼前的十字路口有更清晰的視野。

——**楊晴翔，律師暨家事調解委員**

夫妻最重要的第一次合作，應該是要生孩子的時候；通常是滿心歡喜的。夫妻更重要的一次合作，絕對是萬一要離婚時，想要為孩子的成長留下什麼樣的記憶。讓他即便擁有爸媽離婚的印記、人生卻不因此被封印。這本書幫助你，成為這樣的大人。

——**鄭杰榆，國際教練聯盟台灣總會理事長**

孩子的權利被看見，所以在高衝突父母離婚後，有了親子會面交往的服務。父母親可以選擇結束自己的婚姻，但孩子如何在親子關係中擺脫忠誠的壓力，自由地和父母親親情繼續？在離婚後做合作父母，很難；但為了你深愛的孩子，為了童顏再現，為了你自己，再努力吧，社工陪你！謝謝現代婦女基金會！

——**賴月蜜，慈濟大學社會工作學系副教授**

導論

婚姻緣盡，親情仍濃

——分手後的「合作父母」與「親子會面」

寫在前面

我是鄭玉英，家庭系統的心理工作者，曾在社工系任教，常說自己是半個社工半個心理師。五年前，應邀到北院給二樓「家暴服務處」的社工上課；教些家庭諮商的理論和技巧，並且跟他們一起進行案例研討。從此跟他們展開了不解之緣，因而我也有幸參與了本書的策劃和成書過程。進了北院，忝為督導，卻在教學相長之中，進修了家事法庭的法規和業務。也認識了一群認真可愛的家事法庭的社工尖兵。我的年齡比他們大很多，他們稱我「鄭佬佬」，我跟他們成為忘年之交，這友誼也成了「團隊寫作」的基礎。

結婚是人的終身大事，在親友祝福之下結成連理，總是希望白頭偕老；但是，離婚率高居不下是台灣社會的現實情況。當兩個人再也無法情投意合時，能夠好聚好散仍是一個不錯的選擇。倘若協議離婚不成，雖說清官難斷家務事，但「家事法庭」還是提供了訴訟的服務與公權力的協助，法院系統其實是可以幫大忙的。

離婚的後遺問題中，尤以未成年子女的權益與需要，最值得重視。如何讓孩子的受傷減到最低，這是大家努力的方向；縱使是意見最不相合的夫妻，大多也一致同意這個共同目標。

但是，離婚後的父母，真的都還見得到孩子嗎？孩子還能擁有父親和母親、甚至還能擁有爺爺奶奶外公外婆嗎？筆者認為這個完美的狀況，是高度發展社會值得努力的方向。「合作父母」的概念於焉產生！

「合作父母」是社會進步的象徵

一對同居共處困難的夫妻離婚後，兩人可以成為仇人、可以不相往來形同陌路，也可以維持一份距離外的淡淡友誼。倘若兩人共有子女，必須考量孩子的養育、教育和人格成長，仇人或陌路都無法合作，更無法有效達成親職，因此，分手後如何重新定位兩人的關係，讓孩子的損傷減至最低、親子之間的親情臻至最高呢？這著實考驗著當事人的成熟度，和周邊人的支持、理解和現代化的程度。

誠如本書第一章所言：「要把男女情感糾結與親子之情分開來」，這是合作父母的關鍵！但絕不容易。

合作父母不是本能，需要後天學習。尤其兩人在婚姻與離婚歷程的掙扎中，已經傷痕累累；終於分開了，卻要為了孩子能擁有「雙親」而再度一起努力。可以不再愛對方、完全不想見對方的面，卻要釋出善意祝福對方跟孩子的關係，這需要「寬大的心胸」和「高超的價值觀」才能做得到；這必須在一個進步的社會，才有可能孕育出這樣超越人性本能限度的情操，展現人性的光輝面。因此，我們更需要在社會教育的層面，加把勁來宣導。

事實上，為了下一代，這也是離婚父母必須面對的議題。既然我們步入了一個容易離婚的世代，至少要為下一代做出「合作父母」的努力和促進。

我們有權利選擇離婚，但不能就此決定孩子今後沒有母親或父親，父親和母親都是孩子無可取代的珍寶和權利；孩子不需要因為父母離婚而失喪任何一方。這不是孩子的責任。

成功的「合作父母」的離婚者，是筆者心目中的英雄，能夠協助自己的兒女跟前女婿或前媳婦成為合作父母的老人家，更是了不起，是走在時代尖端的長輩、真愛兒孫的尊長。當合作父母蔚為風氣時，某一角度上，也顯示了這是一個進步的社會。

「親子會面」是一項精緻的服務

離婚之後，一方跟孩子同住，另一方分居，但是親情需要見面來維持，因此如何促成不同住的一方跟孩子見面，就是大費周章的事。過去稱之為「探視權」，似乎強調親方有權利看孩子，這與事實並無違背；但是現在稱為「親子會面」（指父母及未成年子女，在公部門所提供的會面服務地點中進行會面或執行交付，會面或交付過程均會有監督人員在場協助執行），更呈現親子雙方對等的會面需求，以及會面過程是一個動態的歷程。

「不過就是見個面，有那麼難嗎？」事實上，就有那麼難！正因為其困難，會面交往的促進和協助，成了一項專業服務工作。本書的第二章和第三章有二位過來人的心聲，他們願意說出自己的心聲給類似經驗的人做參考。

接下來的八章，是八個會面交往的故事，呈現大人和孩子的心路歷程；並且詳細描述了一群默默耕耘的法院社工（親子會面協調員）如何穿針引線，促成會面時的心路歷程。

最後的一些篇章，也是難能可貴的專業知識整理，將此工作做出階段性的描述，可作為日後傳承或培訓時的參考。

會面中可能出現相當磨人的過程，卻也讓愛孩子的當事人學習很多新的態度。書中的八個故事裡，看到父愛在會面中漸漸滋生，令人感動；其他諸如遵守約定、珍惜當下、情感節制、專注對待等等，這些珍貴的品格也在故事裡一一展現。

生命不能只是精子與卵子的相遇，更需要有父親與母親帶來不同的體驗，文中也可見對生命的尊重和家庭價值的強調。因此，這無形中更像是一本生命教育的教本，引發讀者反思，讀者也可以在這些陪伴的社工們身上看到，這種特殊的助人工作的價值。

筆者的諮商工作所見

我在諮商領域超過三十年。從不少成人案主的故事述說中，聽見兒時父母離婚留下的遺憾，尤其是因為父母離婚而失去父母一方的故事，格外叫人扼腕嘆息。我隨手捻來幾段印象深刻的話語，這些朋友的故事，讓我對會面交往的工作更添重視與敬意。

■為什麼我竟啞口無言，奪門而出？

「小三時，爸爸媽媽離婚，以後我就很少見到爸爸。但心中常想起他，思念著以前他帶我去夜市抓娃娃、打彈珠的片段美好畫面。大約國一時，有一天，我毫無預警地在家中接到一通電話，叫著我的名字，是爸爸！我一時啞了口，只聽到電話那頭傳來爸爸激動生氣說：『妹妹，你怎麼都沒有來看我？你都不想我嗎？爸爸好想你！』我一時頭腦空白完全卡住，說不出話來，我丟下話筒，奔跑出去放聲大哭……。事後我難過又自責，那是我最後一次聽到爸爸的聲音，也是很久以來好難得的一次。我竟然錯過！我是怎麼了？」

因為父親外遇，媽媽娘家人都對他仇視而憤怒，這孩子也不知道如何安頓自己思念父親的情懷。愛恨之間，卡住了一個無辜的孩子。這位父親在這通電話之後一段時間竟然過世了，留給案主無法釋懷的永遠遺憾。

■終於找到一張父母的合照

「父母離異時，我太小，跟著奶奶一路長大。對媽媽沒有印象。爺爺奶奶疼我；我也算順利成長。到我開始談戀愛，女友小玉常問我有關媽媽的事，我都答不上來，覺得很失落。有一次她問我：『你猜你爸愛過她嗎？』

「『誰？我媽嗎？』女孩子就是想太多，我怎麼知道，這很重要嗎？原來小玉的爸媽也是離婚，她爸是為了躲債一去不回。

「我們結婚了，許下要永遠在一起，不讓我們雙方父母的故事重演。岳母偶爾來訪，臨走時都會抱抱我說『讓媽抱抱你』我覺得尷尬卻也溫暖。

「直到幾個月前，父親過世，我整理他的遺物，意外發現一張發黃照片。爸摟著一個年輕女子，照片的背面寫著媽媽的名字。我拿著照片，發現自己的手在顫抖著。

「在手機桌面上，我換成了這一張。唯一一張我爸跟我媽的合照。我終於可以跟小玉說『有，我相信我爸跟我媽有相愛過』。

「是的，這其實很重要！我也有一點懂了小玉的心情。這一張照片，我永世珍藏。」

縱或夫妻恩斷情絕、各分西東，作為他們的親生兒女，知道他們曾經相愛，仍然是一種無可取代的圓滿。

■我仍在車站找尋媽媽的身影

「約莫三歲，在火車站大廳，我鬆開了媽媽的手。我對母親的記憶斷裂在那裡。

「其實我根本不知道發生了什麼事。有一天媽媽問我『如果媽媽跟爸爸分開，你要跟我走，還是留下來跟爸爸和奶奶？』我不明白這句問話的意義，我喜歡住在奶奶家，就傻傻地說我要住這裡。媽媽說『也好』。

「就在那一天，媽媽上了火車，沒有再回來。我做了什麼？我說了什麼？造成媽媽一去不回？懵懂中的對話，斷裂的畫面……直到三十歲了，我有時還會在火車站大廳徘徊，在人群中尋找長得像媽媽的身影，幻想著她回頭，向我奔來……」

這樣的故事成為心理劇場的題材，眼淚淹沒了整個團體——一個無辜的孩子的淚水，和眾多懂孩子心的成人淚水。在角色交換中，主角當事人與「母親」相會交談，寬恕和好，再次以三十歲的成人心態，在佈置出來的虛構場景中送「媽媽」上車，在祝福中揮別心中的母親，和那固著在記憶中的車站畫面。

唉，為什麼要問孩子這個問題？怎麼可能讓三歲孩子做這決定？在他心靈深處的困惑和傷痕，要多久才能平息和康復?!

這是成人的責任，該用孩子能懂的言語說清楚講明白！更好的作法是在父母離異的歲月裡，讓孩子可以安然的、可以預期的跟不同住的媽媽見面共處。讓孩子得到自己對父母離婚、母親離去沒有任何責任的保證，讓孩子知道並經驗到：他仍然有爸爸和媽媽滿滿的愛。

■遊民阿伯

一位忠厚的遊民老伯流落街頭又入住街友之家，他談吐優雅，顯然有過寬廣的見識與人生歷練。沒想到，他的口中吐出的心聲是：「我知道我的兒子住在哪裡。我好幾次走到他住的社區，但我沒有勇氣叫守衛通報上樓，因為……因為我對不起他們，也對不起他們的媽媽。」

婚姻家庭中的愧疚，自認失職的父親，不是找不到回家的路，卻是有一段記憶需要處理、一些心路有待回顧重整。而他的兒女又經歷了什麼？心中存放了什麼樣的父親形象呢？

■為什麼不告訴我爸爸死了?!

「爸媽很早就分手了。我是辛苦的單親媽媽獨立撫養大的。記憶中，在我大約小學階段以前，每到兒童節爸爸就會出現。帶我出去玩半天。兒童樂園、動物園都曾留下一些記憶痕跡。但是不記得是哪一年開始。爸就沒再來了。我沒有問媽媽，她很兇，心情常常不太好。沒事我不會惹她。

「不知道那裡來的印象，我認為爸爸是開飛機的，每次有飛機飛過上空，我都默默招手。我還知道以前松山機場附近有一個最佳位置，可以看飛機起飛和有機會呼嘯飛過頭頂，我跟我最好的朋友常去看飛機起飛。這是我的秘密，很少人知道，我當然沒有告訴媽媽。媽媽不想提起『那個男人』。

「事實上，我知道如果不是我的出生拖累了媽媽，她的人生可以更美好。我默默承受著自己害了媽媽的內疚。那是一種難言的心理負擔，也成為我用功讀書、報效母親的動力來源。

「有一天我忍不住問媽媽『爸爸在哪裡？為什麼這些年都不來看我們？』媽媽冷冷回答一句『他死了』。我還以為她是說氣話。她又加上一句『是你舅舅說的，應該是真的。』

「『真的？什麼時候的事？』『有一年多了吧』，我空前未有的一股怒火湧上心頭，大吼一聲『為什麼妳不告訴我』，媽媽似乎也被我的舉動震懾住了。我從來不曾這樣吼過她，事後我為此道歉了。

「但是，為什麼不告訴我？也許她不知道我對爸的懷念？是的，那是我心中的秘密，很想爸爸。此後我知道了，爸不可能從飛機上跟我招手了，或許是從天堂注視我長大成人吧！」

母親對前配偶的複雜情緒，可能掩蓋了對孩子心情的同理和敏感。事實上，孩子有權利知道父親的處境：生和死。有時候，母親需要一點點提醒。

■當年的畫面

一個已經做爸爸的中年男人說：「我不希望太太站在我和念小學的兒子中間。我一定不要失去我的兒子。更不要讓她攔阻我們父子。」旁邊的妻子一臉茫然不解，「我巴不得你跟兒子多接觸，何曾攔阻？」

「唉，其實我太太也沒有怎樣。最多是愛對我嫌東嫌西，尤其嫌我跟孩子玩太瘋。

只是我聯想到我自己的父親啦！唉，我媽媽留不住男人。我就一再失去父親。小時候，在陽台窗口看著父親背影離去，是我最痛的畫面。我怨媽媽留不住爸，又氣走了林伯伯。……我會守住兒子。就算離婚我也不要讓孩子沒有我。喔。其實我們大概不會離婚啦。」

先生對當年畫面的回顧和辨識，可以分開當年的感覺和現今的處境，因而更能活在當下。

案主們的話語，常在我的耳邊心頭，讓我心疼，也因此更讓我重視和尊敬法院社工展開的促進會面交往工作。

給一個機會延長並維持孩子對父母的記憶，保留一些親子互動的美好畫面，尊重孩子在慢慢長大時、自由決定對父母的偏好和認同，讓孩子決定婚禮上要不要邀請離婚的父親或母親來觀禮或坐主桌……，孩子有權利擁有這些起碼的人權，不應該被父母的離婚而剝奪了。

終究，父母要接受孩子的偏好選擇

孩子對父母的情感和認同有其個人偏好。一個孩子更喜歡爸爸或更認同媽媽，都是正常而常見的。但在幼小時候的會面交往中，這常常是一個需要關切的議題。

有些人在成年後回顧時，發現到自己死忠一方、唾棄另一方，有的發現自己跟手足分別支持爸爸和媽媽、達到一種支持父母的平衡，有的仍在負擔著父母關係責任而疲憊不堪。

我們不介意孩子喜歡哪一個，我們希望孩子喜歡自己、肯定自己，希望孩子在父母的認同歷程中不要受傷。

人無法不受父母影響，而且常常將父親和母親內化成為自己的內在客體、自己心中最重要部分。因此，盼望每個孩子內在系統中的父母，能夠真實「夠好」的存有，不邪惡也不需要完美。更盼望存在孩子心中的「爸爸部分」和「媽媽部分」，在他的人格內在有一份和諧。這是離婚的父母需要了解，和值得為孩子努力的一個角度。

在孩子年紀很小的時候，在會面交往過程中，由於來往多寡親疏有別的「認生」、在交付過程中的「分離焦慮」，或是顯示出跟某一方父親或者母親來往的抗拒現象，這種種都是需要也可以協助的，那是親子會面協調員需要用心之處，或是有時候要出動兒童心理師幫忙的理由。

不過，本書討論的，基本上是沒有強烈家暴的家庭。如果法庭和社工評估有強烈暴力經驗跟重大創傷記憶的孩子，那就另當別論、要特別處理了。

本書作者

法庭是兩造對立的戰場，親子會面卻可以是十足溫柔多情的場合。你可能不知道森嚴法庭外邊，有這麼一個溫馨的角落和團隊。

本書的作者是一群第一線的法庭社會工作者，我陪伴他們走了好幾年專業成長的道路。從「家庭系統動力」的研討開始，到有一段時間，跟這個團隊合作為訴訟中的男性服務的「男人成長團體」。這一群是從婦女保護起家的社工，我陪伴他們一起歷經擴大視野的過程。

從女性觀點到伴侶互動、從家庭系統到「人格內在系統」（inner family system）、從關懷婚暴目睹兒到親子會面服務，這個團隊是堅實有力的；他們不斷在視野和會談技巧上持續加深。看到他們經過階段性歷練和裝備之後，他們才開始進入會面交往的工作；

他們是相當勝任的，我也跟他們學習了很多。

我一向認為本土助人經驗是寶貴的，是教科書和理論書籍所不及的「接地氣」。社工人員將自己工作中的行動研究和心得歷程寫下來，作為紀念或傳授後人，都彌足珍貴。本書的許多片段，都曾感動著社工團隊和我。我們經過無數研習和討論，終於寫成文字紀錄、彙集成書。

有一位母親說：

「我發現孩子去前夫那邊時，他做得很好。兩個國小的孩子都很開心和平安，他竟然為了孩子學會烹飪，也帶著兒子去運動。也許沒有我可以依賴，也不需要跟我情緒化，他其實是不錯的週末爸爸。孩子們不在我身邊的週末，我正好可以休息或做自己的事。離婚之後，我的兒女似乎才找回了專注的父親。一個月有四天，不錯了。這可是努力磨合許久的成果。」

這樣的回應，是給工作人員最大的安慰吧。

第一章

「合作父母」的精神與「親子會面」的展現

相信許多為人父母者都不會否認，我們都是有了子女之後才學習如何當父母的。這可以見出：當父母很多時候是作中學、錯中學，更像是一種修練的過程。

一般的父母尚且有教養上的衝突，更遑論婚姻關係結束之後的父母，如何仍能繼續一起擔當父母的角色?!這項很少被探討的難題，多數過來人僅能自行摸索或憑著自己的信念認知繼續前行。但往往很多時候，由於無法切割夫妻關係與父母角色，而最終造成自己與孩子三輸的局面。因著國內法令的修改，法院家事案件服務的拓展，讓離婚或分居的夫妻，有機會可以學習如何與另一方成為夥伴，繼續合作撫育下一代，共同創造三贏的未來。

什麼是合作父母？

在本書中所提到的「合作父母」，或是其他常聽到如「友善父母」、「善意父母」等，其實都是我們口語上使用的語詞。其主要意涵來自於國內外學者所描述的「共親職」、「協同親職」或「共養育」（co-parenting）的概念。而國內在民國一〇二年，民法也增訂一〇五五條之一第一項第六款，即希望法官在審酌未成年子女監護權判定時，能考量「父母之一方是否有妨礙他方對未成年子女權利義務行使負擔之行為」，例如隱匿小孩，或灌輸小孩仇恨另一方等，明顯未考量到孩子最佳利益之行為，也就是我們常聽到的「善意父母條款」。

「共親職」的名詞源自於心理學的範疇。廣義的共親職是指：至少兩個以上的個體，彼此協商同意或是社會期望他們對一個特定孩子的福祉，負起共同的責任；狹義的共親職是指夫妻雙方一起合作來教養子女的程度（許學政，2004）。

廣義的共親職關係，不論是否具有婚姻關係，如同常見離異的父母或可能是父與祖父母或是母與外祖父母，或者甚至是保母、一起養育孩子的文化或團體（引自蔡承璋，2008）。

Weissman, S. & Cohen, R. S.（1985）將共親職（親職聯盟）定義為一位父親或母親承認、尊重、重視對方的親職角色與職責的能力（引自蔡承璋，2008）。Cowan, P. A. & McHale, J. P.（1996）指出，共親職是雙親間如何聯結成「父母」的獨特表徵，即便是在婚姻關係破裂後，其在子女教養上仍擁有一穩固之親職關係（引自蔡承璋，2008）。Katz, L. F. & Gottman, J. M.（1996）從歷程的觀點指出，共親職是指雙親如何在自己的孩子面前，相互互動及支持對方做為父母角色的過程（引自葉光輝，2000）。

若綜合上述學者之說法，「合作父母」的意義雖然涵蓋婚姻內與離婚後的雙方合作，但是在法庭相關的狹義定義，是專指離婚以後的處境。當男女情緣終了，在法律上已經結束婚姻關係，但是有雙方所生兒女、尤其是在孩子尚未成年需要教育的階段。已經不是夫妻的雙方如何在維繫親子關係、教養兒女上面互相配合、合作的歷程，而有更多要克服的困難與藩籬。

簡單來說，在本書中「合作父母」是指夫妻之間分居或離婚之後，仍能支持對方在父親或母親的角色上，與子女有穩固親子關係的一種態度與歷程。

為什麼要當合作父母？

如果讓婚姻關係結束已經是合法的選項時，如何讓孩子能減少因父母關係的變動而感到失落、難過甚至心理受傷呢？學者指出父母持續作合作父母，將是給孩子最好的選擇，因為孩子可以知道，自己遠比父母之間的那些衝突點更加重要，因為即使父母離開對方，對自己的愛卻永遠不會改變，就算負向情緒仍然存在，卻能夠較快地平復；合作父母的小孩也比較可以展現出安全感。

當小孩察覺到父愛母愛依然不變，只是單純生活方式改變時，他們也就可以更快去適應生活的變動，專注於發展階段的任務，而不需要時常處於不知如何面對父母衝突的焦慮，或陷入忠誠兩難議題的壓力之中，而對自己更有信心。

當然，許多研究也已證實，合作父母的孩子在心理及情緒也會比較健康，而比較不容易產生偏差行為。許多父母離異的孩子，到了青少年階段，眼見父母無法合作，甚至彼此攻擊而在其中學習到兩面討好或是鑽漏洞、利用說謊來滿足自己的需要等脫序行為，或者是發現父母仍深陷在自己的情傷而忽略其他，於是孩子在面對生活挫折或需求支持時，會轉而向複雜的同儕團體尋求慰藉與歸屬，漸漸與家人關係疏離，相信這些都不是我們樂見的結果。

反之，當孩子們看到父母仍能在教養或照顧上的合作與一致性時，也就得以觀摩學習到如何有效的與人合作解決問題；而離異父母的互動方式，為孩子示範了一個好的榜樣，讓孩子可以世代傳遞下去。

此外，我們也認為作合作父母對父母本身也有許多益處。例如，提升自我的覺察力，更有能力區辨自身的情緒從何而來？尤其在面對合作照顧孩子上的生活事件，而覺得憤怒、難過、挫折時，倘若可以區辨是因為過去對方留下的傷痛所導致這些情緒強度升高，還是單純只是教養觀念的差異，不論是在面對對方，或是在面對各種照顧議題上的選擇時，都會比較能區分怎樣對孩子比較好，而不是把自己的情緒跟孩子的需要綁在一起，讓自己的情緒引導了所有因應行為或決定，而忘了孩子真正的需要為何。

我們並非要去指責或告誡父母不應該對對方有情緒，如果你在婚姻關係中遭遇傷痛，有情緒是再正常不過的事，只是一旦牽扯到與孩子相關的決定時，就不能只靠情緒作決定，而必須有更多的思考與覺察。

合作父母是三贏的智慧

一旦你願意成為合作父母，你也將比較願意開放自己，學習探索與了解自己的情緒，一旦你跨出合作的步伐，最大的受益絕對是你自己和孩子。

當你和對方能夠更順利地合作照顧孩子時，你會比較有空間思考未來，你與孩子的生活也會更快有機會重建新的規律，同時也不再把所有的力氣，都放在跟對方的親權角力或訴訟的輸贏，而是比較能讓自己抽離這些，以較單純的姿態來計畫或思考自己或與孩子的未來生活，或是下一階段的目標。

另外，當你與對方成為合作關係時，一旦你因工作或其他因素臨時無法照顧孩子、需要照顧支援時，你也可以很放心地將孩子交給對方，讓自己有喘息的空間與更多的支援，以因應自身所須面對的問題，不再因為缺少照顧資源，而又必須分身照顧孩子感到焦頭爛額。

然而，在實務上，合作父母的另一個好處是，如果你們已經對簿公堂，相信你們都經歷過或正經歷訴訟的煎熬歷程。而當你願意嘗試作合作父母，最實際的益處就是替你省下大筆的金錢、珍貴的時間與心力，可以很快地退出訴訟這個無窮盡的惡夢，而且訴訟的過程往往把雙方推向更對立與攻擊的狀態，而這個狀態導致更加惡劣或緊張的關係，通常是早已超過你們最初的歧見或衝突程度。

如果你並不是選擇馬上退出訴訟，但假使你願意在訴訟歷程中，開始試著學習當合作父母，願意重新調整自己對對方的態度或是作法，而且願意以實際行動來表現出你希望成為合作父母的善意，相信法官也能感受到你的轉變，而對你有較好的印象或肯定，甚至因此對你在親權相關的訴訟上，有些加分的效果。

更重要的是，如果你們能夠成為合作父母，不管你們是在訴訟上或是自行協議中所達成的共識，也才更有機會順利執行。

我們時常看到許多父母拿著離婚時自行協議的事項，或是經歷費時、費力的訴訟之後的法院審判，但是回到生活中，卻是無法順利執行，反而衍生更多的衝突，甚至是因無法執行而再次對簿公堂，也不在少數。

綜合上述合作父母的好處，不外乎是希望孩子能夠在父母分居或婚姻關係結束下，受到最小的傷害或影響，同時也希望父母們能夠透過學習作合作父母的歷程，因著眼孩子的利益，而有機會跳脫婚姻關係帶來的傷痛，達到孩子與父母均能三贏的局面。

合作父母可以怎麼做？

■先把自己的情緒放一邊，以孩子利益為優先

簡單來說，就是把自己在婚姻或親密關係中的憤怒、怨恨、受傷，擺在孩子需要之後，這是成為合作父母最難、但也是最關鍵的一步——合作父母確實是無關你對對方的情緒，而是關注孩子的快樂、穩定和未來的福祉。

試著把情緒和行為分開，你當然可以有憤怒或受傷的感受，但卻不一定要讓情緒主導你的行為，而是釐清什麼是對孩子最好的。請不要對孩子發洩，朋友、心理師甚至是寵物都會是你很好的傾聽者，或者試著作些戶外運動或活動。

不要讓孩子成為夾心餅乾，以下三不原則請父母們謹記：不要讓孩子當傳聲筒、不要在孩子面前批評對方、不要跟小孩打聽對方的近況。

■改善和另一方的溝通

能夠平和、一致和目的性的和前配偶溝通，是成功的合作父母不可缺少的部分，雖然聽起來幾乎是不可能的任務。但都取決於你的心態，想著和前配偶溝通，最重要的目的是為了孩子的福祉，每一次和對方交談，都提醒自己聚焦在孩子的議題上。

以下提供一些跟前配偶語言溝通的方式：

——設定一種生意來往的語調，試著讓你和前配偶的關係轉為商業關係，而你們之間的「生意」就是孩子的福祉，所以當你要聯繫對方時，請如同和同事接觸一樣，語氣輕鬆、尊重、不干涉。

——請求而非命令，例如：「可不可以請你幫我一個忙，這個周末我不能帶小孩，要麻煩你幫忙帶。」而不是：「這個周末我不能帶小孩，你就不用帶過來了！」

——傾聽對方的話，不要多做解讀，尤其是負向解讀，就算你並不同意他的想法，但至少讓對方知道你有聽懂他的意思。

——不要隨之起舞，或許有時候你已經試圖保持平和與對方談話，但對方態度或語氣卻依然充滿敵意或攻擊，請儘可能保持冷靜，聚焦在本次談話的目標，不要被對方情緒所影響。

——聚焦在現在與未來，不要再談過去，很多時候婚姻或親密關係已經結束，但過去關係中所造成的傷害或情感糾結可能仍在，除非你們已經能保持理性對話，否則過去的傷各自處理，兩人對話焦點放在現在或未來與孩子有關的事務上，或許會是比較好的方法。

——持續地把會面或談話內容放在你們的「生意上」——小孩。如果婚姻或親密關係的結束並不愉快，要與對方平和對話是痛苦與艱難的，唯有嘗試把對方當作生意夥伴，將對話聚焦在孩子身上，才能幫助自己撐過這些必經的過程。

——避免在小孩面前討論敏感性或爭議性的話題，請永遠記得孩子總是深愛著自己的父母，所以不要在孩子面前討論一些可能會引發衝突的話題，這樣很可能會讓孩子目睹你們的衝突，而引發更多不安的情緒。

■像團隊般的合作

教養的本身就是一連串的決定，很多時候，不管你喜不喜歡，你都必須要和對方一起作決定，如果協調和溝通過程少了情緒暴衝和爭吵，將會簡單許多。如果你試圖對對方保持一致、溫和和團隊合作，這樣為孩子所的決定將會更加到位。以下是簡單的舉例，先預告我們這次談話的可能結果，然後平靜地跟對方說：

——我需要跟你討論小孩暑假的事情，你覺得我們會吵起來嗎？

——然後停頓等待對方反應，也趁機調解自己的情緒。

——可以運用不同的溝通管道：例如寫email。

——或是請第三者或專業人士在旁協助

■讓孩子的交接或會面變得容易

事實上，從離異父母的住處往返，幾乎是未成年的孩子例行性或不可避免的，但也是非常難熬的過程。每一次與某一方的團圓，就代表著要和另一方分離。既然這樣的交接無法避免，為了讓孩子能比較容易度過，我們有很多事情可做的。

在服務的歷程中我們發現，許多時候合作父母最直接的展現，就是在孩子往返於父母之間的會面過程是否順利，父母是否願意站在孩子的需求立場去協助調整，還是只是不斷想方設法阻撓對方的探視。

雖然我們都能理解父母各自在關係中的受傷，這些有意或無意想要懲罰對方的舉動，大家也都心知肚明——就連我們這些局外人也都看在眼裡；只是因這些行為而受苦的，最終卻是孩子！因此我們也希望能提供一些資訊，如果你正面臨親子會面的衝突或摩擦，希望會是一個不錯的提醒。

親子會面小提醒

每當和父或母打招呼，就表示要跟另外一位父或母說再見，為了讓孩子減少情緒上的煎熬，我們可以試著做以下幾件事：

■當小孩離開的時候

——當小孩要離開時，保持正向情緒很重要，且儘可能準時抵達交接地點。

——幫助小孩提早準備，事先預告他們即將前往父親或母親家中的日期和時間。

——按照年齡幫忙孩子們打包，放些熟悉的物品。

——儘可能選擇「送」孩子到對方家中，而不要過來「接」，避免中斷孩子可能正和對方處於歡愉的情緒狀態中。

■當小孩回來的時候

——有心理準備：小孩回來的時候，情緒不穩定是正常的。

——慢慢來，給小孩一點空間讓他自己慢慢適應。

——試著建立一些習慣或儀式，讓他們知道回家時會發生什麼事，這樣會讓他們在交接中感到安定。

■當孩子拒絕和你會面時

——試著找出孩子拒絕會面的原因，有些可能是環境或活動安排上，例如需要花更多時間陪伴孩子、改變教養方式、或安排更多有趣的活動等。有些則是情緒上的，例如矛盾、衝突、或是誤解等，試著跟孩子談談拒絕會面的原因。

——順其自然，不管你是否找出孩子拒絕會面的原因，都給孩子多一點時間和空間，因為他們真的很需要，很可能這個拒絕也不見得跟你有關，但是請謹記，大部分孩子的拒絕會面都是暫時的。

——試著跟前配偶談談，實際上，要和前配偶敞開心胸討論孩子拒絕會面的原因，是很大的情緒考驗，但是有可能幫助彼此找到問題所在。當你和對方在討論這麼尖銳的議題時，試著對對方保有覺察和理解的態度。

第二章

父親的獨白——過來人的自述

寫在前面

我有一個可愛的女兒，兩週一次可以和女兒相處。有時女兒會不情願地跟我走，因為她想上網玩遊戲，但我很感謝前妻，她協助安穩孩子的心，讓她順利到我身邊來，牽起我的手並向母親道別。

羨慕嗎？其實我跟孩子的媽一開始不是這樣的。我們歷經爭吵、埋怨、衝突、憤恨、各種民刑事訴訟——只要可以懲罰對方的，我們沒有一件事沒有做過。直到孩子到我家看著我的電腦螢幕說：「爸爸你又要告媽媽了喔」，當下我急忙把螢幕電源關掉，尷尬地著說：「沒有、沒有。」那瞬間我覺察到我才是那個趕盡殺絕的人，我沒有放過前妻也沒有放過自己。

焦點置於孩子身上後，我真實地回歸父親角色，心情輕鬆踏實很多，也看到前妻真的很愛女兒，而這不正是我期盼的——女兒多點人愛。想當時我在爭一個對錯與輸贏，總是證明錯的人是前妻；可是在孩子的世界裡，她只希望父母好好愛她。「孩子，抱歉欸，爸比到現在才明白，當時糾結於紛爭，愛妳的心也被壓縮了。」

事到如今，我的人生旅途走到這裡了；但是還沒有到終點，終點是我闔眼的一刻嗎？我不知道。但我真的沒有料想到，原來離婚之後要看孩子、要會面交往，是一件這麼艱辛困難的事。

話說父親與孩子的關係，人們總說比不上母親與孩子之間密切。對母親的歌功頌德，從女媧補天就開始了！母親和孩子的聯繫，在懷孕之前就已經開始——媽媽會作夢，夢見有天使敲門找上她，胚胎成卵，孕育生命，孩子的皇宮是上天賦予母親的奧妙，卻也可能是一命換一命的延續。

人類學家也提出：「母愛本能」是一種精神的需要、糧食的需要、生存的需要，好似肺依附著氧氣自主呼吸，一切都是理所當然，正義而必須。以上種種無論是神話，是科學，或是經過辯證，或只是習以為常的語言，聽在有某些經驗的人耳裡，格外有感而心動——我這裡所說的心動，不一定是好的，這裡的「心動」是說：心臟跳動的聲音大到連自己耳朵都能聽見。

身為父親的我，永遠被提醒著：我與孩子的關係要由孩子的媽來成全與安排。或許這是命中注定？作為合作父母一方的父親，我的心情是極為複雜的。

結婚之後，我選擇在關係裡面努力工作、掙錢養家。那幾年裡的天倫之樂是真實光景。然而，西蒙波娃說過：「愛情必須是由衷而出的，以婚姻來安排和維持愛與親密，是很薄弱的」，當時我若能參透這些哲理與意義就好了。

弔詭的是，就算是書讀再多，也不一定能活出日常智慧。

我不好、我們不好，不好是很多層次的累積。當由衷的真情消褪，當彼此的憤恨堆疊，相處久了，就算什麼事情都沒發生，面對面都能感到厭煩——真的是厭煩。「結束婚姻」這四個字進入腦海，是一個漫長的過程，總不可能是一瞬間發生。

這些日子來，我衰老與滄桑了許多，遺憾人生不能重來，我活在當下卻被提醒著不可逆的未來：我是離過婚的男人，女兒跟著前妻生活。

「孩子的媽當年是校花，除了有校花的臉蛋，我還看到這個人的本質是聰明、優雅、恬靜。

「我年輕時在老闆家工作，大小姐看上了我，我好想給大小姐美好生活，這也是我的承諾，我給出一切，什麼都沒了，但她還是說不夠。

「那個女人是騙人的，她才是所謂訴訟中的相對人，你不知道她有多厲害，說謊的女人相信不得。」

但這一切都過去了！

我希望能相信她「真的好或真的不好」

令我更厭煩的是法定婚姻關係結束了，我卻還常常陷在關係的泥淖裡受苦，越是掙扎越往裡陷，恨不得每個失婚的人，歷經和我相同甚至更大的痛，這樣才會讓我好過些。讓我在此把這些惡劣透頂的心思藉著文字表達出來，因為我並不想跟人訴說，或面對面承認這些細微末節。

現實情況不允許我不放下這些心思。原諒寬恕與微笑是美德，如果我做不到這些，我就更無法與我女兒見面。

要跟女兒見個面，除了前妻那一關卡之外，還需要法官同意與認可、社工的評估與安排，看看我是不是正常。所謂正常就是與平常人無異，這個道理其實我懂。但我的經歷真的與一般平常人無異嗎？

「我沒有打過孩子，孩子怎麼會這麼怕我？多半是媽媽影響造成的。」

「我一直很努力在改了，孩子還是這麼怕我，莫非是媽媽居中作梗？

「我想見孩子，我想跟她解釋，世界不是她媽媽說的那樣！」

父親的心變成檸檬、榨成了汁，又酸又苦，到頭來只有仰賴社工為我朗讀，容許我引用德文小說《*Der Vorleser*》（中譯本名為《我願意為妳朗讀》）書中的詞，我主要想分享的是書中的一個論點：「當一個人對某件事不太上手，錯過了學習的恰當時機。久而久之，心底對那件事形成排斥，或被那件事排斥後，往後的歲月中，對此事就更缺乏勇氣與信心去面對了。」

我不是文盲，也許是親職盲。透過大量的閱讀、練習、會談，困難與掙扎之後慷慨赴義，去赴女兒的約——會面交往。鐵漢柔情的我幫女兒倒水，也幫自己倒水，有時女兒會慢慢喝，有時她會喝得比較急，女兒會睜著大大圓圓的眼睛說「謝謝」，而我總說「不用謝」，忍住沒說的是：「可以跟妳見面，我很開心，是我要跟妳說謝謝。」

我幫女兒準備茶葉蛋的時候，女兒會嘟著嘴巴說「我不要吃蛋黃」，女兒怕燙，空氣中有蛋香，女兒忍不住湊過來，而我出口的是「慢慢來」，忍住沒出口的是：「你不喜歡吃蛋黃，跟我一樣，爸爸也不喜歡吃蛋黃。」

我最喜歡的還是在等候女兒從樓下要來會面室的那一刻，我把會面空間佈置成為小小兒童樂園，紅花花帳棚是女兒的秘密基地，五顏六色的積木是為女兒搭建的華麗城堡，聲光玩具的音符是女兒未來成家婚禮上的背景音樂，大大的球池等候女兒的大駕光臨……我想，能在這裡團圓，就足夠了。

諾貝爾文學獎得主安德烈．紀德說過：「當我們需要超越困難時，我們沒有必要一直持續著努力前行，有時候，我們可以從旁邊繞過，有時候，我們必須看個人的特殊狀況而採取側邊斜行。」

我在合作父母的實踐中，領略如彩虹光譜般漸層的親子關係，實情是既痛又苦，只是文字經過了我的洗刷與沖淡。我衷心盼望有一天，我可以自在地問候女兒「妳好嗎？」而不用擔心她為了誰或是為了我而敷衍式地應付一聲好，而是真誠的「好或不好」。盼望我也可以自在地接受女兒的回應，相信她是「真正的好或真的不好」。

我記得女兒第一次來法院的那天下午，我和前妻被法官請出了法庭，女兒被社工帶入法庭，低著頭沒有看我一眼。

這跟平常的她很不一樣，平常的她會張大眼睛分享學校生活：老師要她們練習養昆蟲，等一會兒想去寵物店看兔兔，同學會比賽誰的昆蟲最厲害，她總是蹦蹦跳跳、雀躍地迫不及待要出發。

女兒轉頭叫「爸爸快點！」的笑容，紅紅的臉龐像夕陽一般無限美好，髮縫間透出光澤一閃一閃照亮著我。女兒亮眼的外貌，只要存在就讓我感到驕傲。

回到第一次來法院的那天下午，女兒低頭擦身而過。倏地，法官幽幽地問我「女兒只同意證詞給媽媽看，她說她只想要媽媽，未來還是需要媽媽的陪伴，才可以跟爸爸出門。你有什麼意見嗎？」說完，書記官也打完字。

嗡嗡嗡，只剩中央空調的低鳴聲，三秒、五秒、十五秒，我害怕心碎的聲音被聽見，我找不到話語，點點頭取代我的口語。全都輸了！女兒對媽媽輸誠，我和前妻雙雙是最大的輸家。

「輸誠」是我從合作父母的知識和經驗中認識的

父母吵架或冷戰時，孩子難免會在自己最愛的人——父母——面前說著不同的話，甚至是言不由衷的話，為了讓父母舒服些或表示自己對父親或母親的忠誠。這是我的體驗，在婚姻中同住時，兩人之間還有一些互相信任的基礎，還有不同的機會可以讓孩子知道爸爸很愛她。

我曾經很有信心：我親愛的孩子可以在父母的愛裡平安成長。分居與離婚之後，我和前妻的關係改變了，我也無法與孩子天天見面，更遑論分享孩子的同儕、課業、補習、生活的多采多姿。有沒有一個精心時刻容我這個老頭與她共享一頓餐？這已經是一種奢侈的盼望。

接著我面臨著許許多多的實際及心境上的困難，最大的困難就是女兒與我的關係無解。開始時，我執著一定要見面，我關注著我的失去，坦白說那段日子並不好過，而我目前也還在經歷情緒交錯濃淡的幽微與掙扎，但某次家事服務中心的社工告訴我：「會面的重點是讓孩子期待下一次與你見面。」

孩子會期待與我見面？而且還有下一次？這對我是多麼大的鼓勵！

我才發現原來我如此希望能跟孩子有些互動，希望孩子願意與我分享小如蜉蝣、大如宇宙的想法，或是藉著毛線或積木表達她的創意或夢想！

我眼見孩子對我說「不要，我要媽媽陪」，我的心是疼痛的。

經驗孩子表情的翻轉與情緒的流動，啟動我學習合作父母這件事，要說、要約定、還要去履行。我也體認到孩子是一個獨特的獨立個體，如果要跟她互動來往，我需要學習的東西太多太多了。我需要放下自己的情緒和失落，學會為人父母的親職知識，才能連結與女兒的關係，有什麼理由我不要學習？這些東西並非與生俱來，要學習才會。

成為共親職的爸爸和媽媽，不再同住一個屋簷下，關係漸漸改變，確實很難讓人產生信任，也許甚至會發現自己很難不恨對方。但至少不要讓孩子代替自己承受屬於成人世界的情緒、要孩子為你發聲、為你指責、為你出征，這些對孩子來說都太沉重了。

我寫這篇文章沒有什麼崇高的理念，做人很難，身為父母更難，還要跟冷漠或懷恨的對方合作尤其難，只有想著「就多讓一個人來愛孩子吧」，我的心就寬了，情也釋懷了。

第三章

母親的心聲——過來人的掙扎

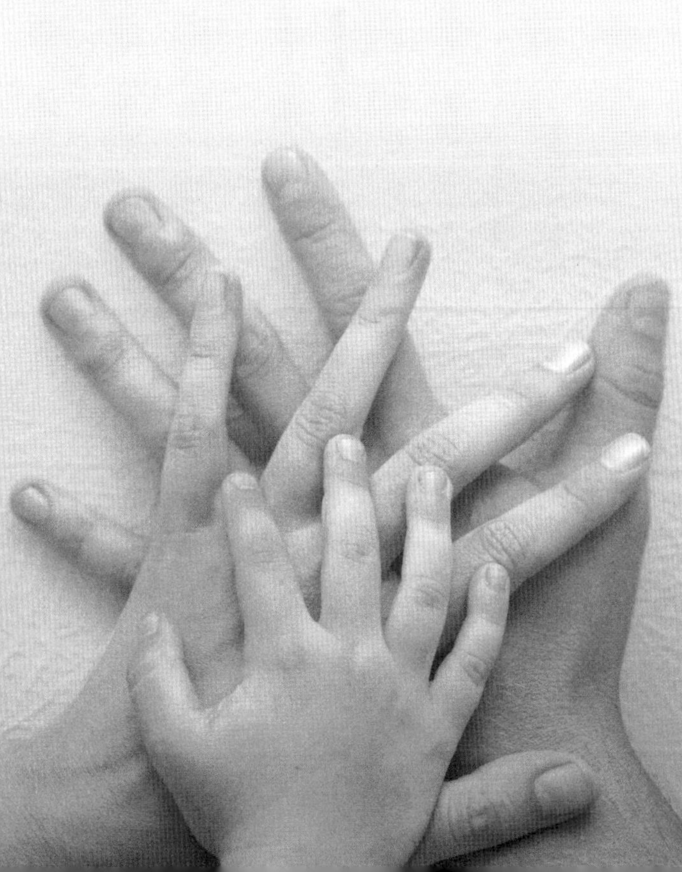

寫在前面

我是獨立撫養一個國中男孩的媽媽。我跟孩子的爸爸，在結婚沒幾年就大小爭吵不斷，我以為我們為了孩子可以忍耐，但婚姻終究在孩子十一歲時，再也撐不下去……。經歷了幾次法院調解，我們決定自行協議離婚，孩子跟我住，孩子的爸爸每週可以看小孩。

剛離婚時，我一方面希望永遠不要再見到「我的前夫」，但每週孩子的探視讓我回到現實，知道他不只是「我的前夫」，他還是「孩子的爸爸」，我不可能永遠不跟他互動；回想當時的矛盾與衝突，不知道自己是怎麼熬過來的。

但隨著時間過去，孩子越來越大，我開始覺得，時間真的能沖淡一切，現在的我終於能真心只把他當成孩子的爸爸。我很開心我們的婚姻雖然結束，但是孩子並沒有因此少了爸爸與媽媽的愛。能夠放下仇恨、回到父母的身份，讓我真的覺得放鬆許多。

簽下離婚協議那一年，我們的男孩十一歲，跟我同住。

雖然離婚過程中，我跟孩子的爸爸都有參加「合作父母」的課程，我也認同要讓孩子擁有爸爸與媽媽的愛，但是這些概念要回到自己時，要執行真的很難、很難啊……。

我們在關係破裂中離婚，雖然彼此沒有到「深仇大恨」，但是，每次再看到對方，過往婚姻中太多的埋怨與爭吵就會重現腦中。要合作，談何容易！

看到自己的矛盾心情

每次交付時，我們無法交談、也不想交談，孩子還小我又不能叫他自己去找爸爸，所以我希望儘量做到零互動，有什麼事就叫小孩傳話。

「要照我的脾氣，真想再也不要跟他見面，本來就是希望離婚後不要有任何瓜葛。但是為了讓孩子有父親，我只好勉強自己跟他聯繫。

「但他有時候約好會面時間還給我臨時取消或遲到，真的是氣死我，做球給他，他還接不到，頻頻漏接。

我以為這樣的互動雖少，但至少我們沒有惡言相向，孩子應該也可以適應。

當孩子會面回來「不開心」，我就有說不出的憤怒。我對爸爸「怒」，覺得他就是不會照顧小孩，以前不成熟現在還是一樣。我雖然知道罵他沒有幫助，但有時還是會氣不過地酸幾句，像是「幾個小時你都帶不好」、「你到底會不會當人家爸爸」……。

話說回來，如果孩子會面回來「太開心」，聽孩子說跟爸爸相處時的神色飛舞，我也對爸爸「怨」。我怨對方像是聖誕老人、佔盡方便得孩子喜歡，但孩子有沒有寫完功課、有沒有遵守規矩都要我來管教，我怨為什麼好人都是他、黑臉卻都是我來當。

我一方面覺得不公平，但是平心而論，我還是努力自我調適。我告訴自己成為孩子主要照顧者是我自己的選擇，作為同住方，本來就負有更多管教責任。而且說實話，我對他沒那麼大的信心，我還是寧可自己辛苦些、由我來主動掌握一些管教原則。

為孩子留一條路

雖然很期待我們可以變成平行線、不需要交集、互動，但有時候碰到不得不溝通的議題，像是需要討論小孩寒暑假安排、補習費用……，難免又弄得不愉快。

雖然我們盡量避免在孩子面前吵，但回家後我還是會忍不住講幾句「你看，你爸就是這麼難溝通、根本就不替別人著想」、「你爸就是不想幫你付錢」……。

「青春期之後」孩子有很大改變。孩子幾乎從來不在我面前談他爸爸，即使有談，也是很簡短、小心翼翼。朋友跟我說，孩子講到爸爸時會批評爸爸，好像我的翻版，我還沾沾自喜覺得孩子好挺我，有一種覺得孩子有看到我辛苦的欣慰。

第一次意識到真的不能再這樣下去，是孩子手機上網事件。

我幫孩子辦了一支手機方便聯絡，因為怕他一直上網，所以並沒有讓他有網路，但是我卻發現他晚上不睡覺、偷偷在玩線上遊戲。我問他怎麼會有網路，他說爸爸給他易付卡，他有拒絕，但是爸爸就是要買。我質問他爸爸時，他爸爸居然說：是小孩跟他說「媽媽說她已經出手機的錢，媽媽叫你要出網路的錢」。

我們赫然發現，孩子居然已經大到知道如何鑽「大人互不溝通」的漏洞。

第二次是管教孩子時，孩子生氣跑出家門，幾個小時後都不見蹤跡，我打電話都不接，我超級緊張，心中有很多小劇場，擔心他會不會發生意外、擔心他會不會去找壞朋友、被騙走，還好後來是爸爸傳來簡訊跟我說，孩子在他那兒。

剎那間，我腦中想起當年教導「合作父母課程」的老師說：「合作父母是幫孩子多留一條路，孩子在你這裡受挫，至少他還可以找對方。」

我思考著，我難道真的要孩子討厭爸爸？特別是孩子越來越大，邁入青春期可能更需要爸爸的角色，我真的不應讓孩子捲入父母的恩怨。

我開始練習不透過孩子傳話，溝通時盡量平穩與不要故意嘲諷，即使有氣也不要在孩子面前批評對方。這對我來說真的是修練的過程，因為我還是對爸爸的教養看不順眼，但是我跟自己說要忍耐、要尊重對方不同的親職教育方式。

剛開始調整時，爸爸也並沒有好的回應，交付時還是冷漠，但我跟自己說再試試看，畢竟我是為了孩子；而關係這件事真的很奇妙，當我不斷嘗試調整努力不要「吵」時，就像一個巴掌拍不響，好像關係真的有變好一點。

最讓我感動的是，某次我跟孩子吵架、他又跑去爸爸那裡時（青春期的孩子真是不容易教養），孩子回家後跟我道歉，說是他的態度不好，因為爸爸跟他說：「媽媽一個人帶你很辛苦，念你也是擔心你，不要一直頂嘴。」我彷彿肩上放鬆了一些，覺得育兒路上有被支持，不是只有一個人。

這兩年，孩子上國中，我跟爸爸關係更鬆一些了，可以很心平氣和地討論孩子的狀況，我也開始可以跟孩子聊聊爸爸。孩子跟我說：「我以前真的很怕在妳面前提到爸爸，因為我知道妳不喜歡，我怕妳一不高興也不要我了，我不知道我要去哪裡。但是我很愛你們，謝謝你們現在可以讓我都愛你們，不用選一個。」看著孩子去爸爸家時，可以微笑的跟我揮手說再見，我知道我為孩子的努力值得了。

當阿姨出現

當聽到孩子說，跟爸爸見面時多了一位王阿姨，我的心頭揪緊了，她會是孩子的後媽嗎？我想從孩子口中探知一二，但又覺得自己應該忍住。在前夫的臉書上看到親暱照片，我知道是真的了……。我想，這也許是我的合作父母的新挑戰，因為我與孩子關係中，除了爸爸，現在還多了另一個阿姨……。

從「前伴侶」（怨偶）到「孩子的父母」的關係，合作父母一詞的艱辛，真的不是用三言兩語就可道盡。剛離婚時，雙方情緒都還很高張，我也真的難做到，但是謝謝經過時間的沉澱，我們都願意選擇慢慢放下仇恨、一起愛孩子。這一路雖經歷層層關卡，但是很高興我們已經往正確的目標邁進。

第四章

媽媽比不上保母嗎？

寫在前面

法庭很像一個小型攝影棚，人們真心地述說家裡的事。相同的時間、相同的事情、相同的一群人，卻講著不同的前因後果，瞠目結舌多種不同版本，常讓現場的我們疑惑：「是同住的一家人嗎？」更傷腦的是，人們希望透過法庭獲得公道，用法律來要求我愛你或是你愛我，要社工化解家事難解的習題。

與君君媽媽第一次見面是因為「君君與爸爸都不想和媽媽見面」。媽媽說：「法院沒有方法嗎？只要對方避不見面、不來開庭，法院也不會要警察強行帶他們過來嗎？我只是一個想要探視孩子的媽媽，這個要求很難嗎？」

媽媽說著過去與君君短暫相處的幾個月，她珍藏的照片讓她能感受到愛而繼續堅持，盼望著能探視君君，如果可以，她更要爭取成為主要照顧者。

君君的媽媽被診斷有憂鬱症，因為失去至愛而患病，求著寬恕、求著懺悔，探視孩子之旅是沒有停歇的愛。終於，在既綑綁又放下的周全規劃下峰迴路轉；但愛與品質終究是法律以外的事，君君的家庭無須完美，已經很美。

有些家庭，爸爸、媽媽離婚後，孩子就跟著某一方生活，不一定能得到他方的探視，經驗著老死不相往來的親子分離。即使孩子成年後偷偷與另一方見面，還是要裝作「沒有這回事」地持續過日子；甚至有一種家庭是在爸爸、媽媽離婚之後，孩子跟著沒有血緣的保母一起生活。

保母的用心與付出好似自己的親生子女，爸爸維持著到保母家探視，卻沒有同住。而媽媽就在這個家庭完全消失了。這個故事是這樣開始發展的。

先從「消失」說起

第一次與媽媽見面，她精神抖擻、獨立自主，很難想像她是爸爸口中說的擅長情緒勒索，悲傷情緒氾濫逼著他帶著女兒「君君」逃離，甚至為了不被騷擾，讓君君與保母一起生活，他則隱姓埋名入廟修行；希望不被媽媽尋獲，過著渴求的清淨生活。

爸爸形容的媽媽是，「就連遁入空門的佛家弟子都會因為她而失去慈悲，大開殺戒，逃之夭夭是最後下下策」，「好幾次我都陷入危險之中，差點失控了，我佛慈悲，只能即時逃離現場」。

我從爸爸描述的媽媽的形象中回過神來，靜靜聽著媽媽的侃侃而談。媽媽說：

「我很想念君君，我一直很想跟孩子的爸爸當合作父母、彼此商量，我始終想與他溝通，但爸爸總是避而不見。當初結婚、離婚都是問神的結果，他說我們的結婚是命定，但命運多舛，現在我們是要結束婚姻，但我倆緣分未盡，夫妻關係還是一樣，只是要做出分居的樣子，化劫渡厄；我們的關係是不會斷的。這是她爸爸的說法，我當時也採信了。

「君君就由原來的保母繼續照顧，我們還是父母。當時君君一歲多。

「我搬離了我們的家，就近找了間小套房，相信只要躲避蒼天的眼，我還能保有先生與君君——就是我的家。每天我都會到保母那兒看君君，和君君玩。我坦誠，我常常忍不住在君君面前哭泣，有些失控。

「但……我沒想到的是，有一天我再去保母家時，卻不見君君！保母跟我說爸爸結清了月費，但沒說君君之後的安排。我歇斯底里崩潰，跑去原本我們共同居住的公寓，地址門牌上卻貼著小粉紙，上面寫著『出租』。

「黑色的數字暈開了，分不清是我的眼睛花了還是淚水沾濕了紙。我好怕！我好怕把紙弄破，我好怕我再也沒有君君的消息。只能瘋狂地打電話，他的、公公的、婆婆的，結果都是語音信箱。

「我打了小粉紙上的手機，房東接起電話，我卻呼嚕嚕地不知道該怎麼講話，房東不耐煩回著『你們搬走了啊，說這兒住不下三口了，要換間大點的……』房東何時掛上電話，已經沒有知覺，記憶恍恍惚惚停留在既熟悉又殘酷的舊公寓裡。」

媽媽清了清喉嚨，訴說著她如何受爸爸的欺騙、受迫害的難堪。媽媽在我面前沒有哭，深深吸一口氣，然後緩緩地說：「君君目前三歲，我有一年多的時間沒有看到她。現在只有透過法律我才可以和她會面，君君應該不會忘記我。之前有調解了，調解委員說我可以探視君君。」

媽媽說得很淡，這個女人給我的形象跟父親所描述的很不一樣。今日的她堅定立場、來勢洶洶，不似過往迷信或錯把命運交由他人決定，她要爭取與女兒的見面，如果可以，她更要擔任女兒主要照顧者，我聽得清楚與明白。至於君君的爸爸是怎麼想的？

社工處遇中的反思

憂鬱症的人可以當主要照顧者嗎？君君的媽媽，有她面對焦慮、處理不安、正視情緒與事件抗衡的方式，也許憂鬱症正是媽媽展現的樣子，這裡無意將性別議題納入，只希望這裡看見人的獨特性，及自己與他方互動時才會有的產物。

夫妻互動中的因果，不代表君君的媽媽是一位不及格的母親，失愛、無家、創傷足以造就反派角色，君君的媽媽將愛恨磨成了溫柔，盼望著與女兒團圓，媽媽說：「做自己的太陽，就可以成為別人的光！」

大愛胸懷遭小愛綑綁的爸爸

我與爸爸面對面談話時，爸爸總是說：

「什麼都可以談，但有好多好多原因，所以很難履行……。為什麼要用告的，不能用談的嗎？……培養孩子獨立與自由，她總不能一直依賴著父母，這是我的用意，被對方曲解。

「社工你還年輕，你也沒有經歷過我和孩子的相處，媽媽總嫌棄著家裡的一切，羞辱我為的是放大自己的自尊，諸如：君君一定要念有外師的育兒園，義大利餐廳這種沒有炒麵的地方也可以讓孩子來嗎；孩子喜歡吃炒麵，你不知道嗎？

「她很難應付，總是用委屈的表情忍耐我精心規劃的安排，媽媽很知道怎麼樣的話語可以綑綁我的意志。」

很多事，真正面對了，才明白和想得很不一樣，我想爸爸是要跟我講這件事吧。

爸爸用心說著他為君君的規劃，吃素避免殺生引來業障、衣物屬身外之物，穿保母女兒的舊衣服就好、群居生活，學習人好我好的胸襟，所以君君和保母、姐姐們一起睡。

「有一天我終將老去，哪一天我不在君君身邊了，她怎麼辦。

「盼她能帶著我對她的愛，獨立在世成長，之後，君君可以為世人貢獻。」

爸爸老早為君君設想學習感恩與盼望，這是爸爸對君君的愛，父女情深。

爸爸同意以孩子利益為商談方向，不傷害孩子的前提進行會面，甚至由媽媽單獨監護都沒有關係，但是每次追蹤時，卻發現爸爸沒有履行商談的結論，我理解到爸爸主張的背後有看不見的動力：爸爸的不自由與奶奶（親族）的干涉。家人的幫忙，讓爸爸不覺得媽媽重要，培養三歲的君君獨立、自主、情緒穩定，投射出他希望發展自己的志業卻需要靠家人協助的無力與尷尬。爸爸同意商談的約定（結論），返家後卻會寄信推翻自己的承諾，再指稱媽媽反反覆覆。

「社工，我講得不是這樣子的，當初說好視訊，但君君不要我也沒有辦法，說好晚上八點打電話，坦白說我也做不到。」

為什麼呢？因為還有過去的婆媳議題在干擾著，君君和爸爸的生命很不同卻有些重疊的地方：奶奶不准爸爸、爸爸不准君君，相互交叉影響之下，媽媽會因為這些累積的不准，種下未來不准君君和媽媽視訊的果。

這些不友善的行為真的需要停止，否則，套句爸爸常說的「某一天，會以特定形式迴轉到自己身上」。

而君君呢，她在哪？

她沒有跟爸爸或媽媽同住，是二十四小時在保母家生活，假日才與爸爸見面，偶爾再與爺爺、奶奶吃飯，對媽媽的印象已不復記憶。保母家有很多哥哥、姊姊，君君只知道這些人因為年紀比她大，所以要這樣稱呼。

君君來到服務中心的會面室遊戲時，安安靜靜可以自己玩扮家家酒及小玩偶，也不太需要人陪伴。這時，我記得爸爸對君君的評語是「君君不太擅長與人分享」。

「阿姨，這個是我拼的。」

「阿姨，這個我可以吃嗎？」

「阿姨，要去樓上了嗎？」

君君出乎意料地容易建立關係，也會直接說出自己的需求，很難評估是因為年紀還小的直率無所顧慮，不需要吞吐幾回合，還是君君因為在保母家，如果不去表達自己的需要，就會得不到她想要的食物與禮物。

「阿姨，你可以跟我爸爸說，我跟媽媽見面，不要生我的氣喔……」

「親愛的君君，爸爸、媽媽很愛妳，情緒本身沒有對錯，媽媽和爸爸會生氣，就像妳的玩具被搶走，妳也會生氣一樣，所以爸爸或媽媽生氣，跟妳無關，妳只要知道爸爸和媽媽給妳的愛就好了，爸爸、媽媽的情緒會自己負責的。」我與君君如是說，無論她懂不懂。是啊，阿姨希望你感受到的是很多很多的愛。

後來，母女關係得以進展是因為法院下了裁定，也可檢視是誰無法履行約定，終於讓親情得以延續，逐步拉長相處時間並日益熟稔。

常聽人說：「人倫親情是天性。」但在我們的工作中卻不是這回事，沒有記憶與情感存款，「爸爸」或「媽媽」只是讓孩子不痛不癢的名詞，在掙扎與複雜的動力中，對孩子而言，不碰觸還比較輕鬆。這個案件，所幸媽媽想方設法經營與孩子的關係，而爸爸的重心則在幫助世界、幫忙輔選、度化眾生。

接下來呢？社工在想什麼

社工相信：君君的父母親都需要存在，並且穩定地與她相處、接觸，如果有一方不再出現，君君心中終有失落，也許在她年輕時不容易察覺，但遲早有一天，當生命出現缺口或在思考人生的意義時，那種缺乏父愛或母愛的孤寂是很難形容的。

像君君這樣的孩子，生氣時會跳到床上摟著棉被把自己包得緊緊，感受著柔柔軟軟——就像是媽媽睡前說故事的聲音，溫溫熱熱，也像極了爸爸溫暖的後背駝著她在公園裡探險。

君君需要的是：真實地牽著爸爸的手去上學，環繞著媽媽頸子聽故事唱歌。這無價的經驗，父母都給得起的，那為什麼不做呢？

最終協議：由媽媽單獨監護及主要照顧，爸爸維持兩週一次會面交往，並且雙方同意最小變動原則，讓還沒有就讀育兒園的君君從學校開始。

但最後卻因爸爸希望將未成年子女扶養費底定而卡住。爸爸希望即使未來孩子有更多的花費，媽媽都不得以任何理由要求更多的扶養費；但未成年子女監護權並非籌碼，社工拒絕加入扶養費不得增加等文字，以保障孩子權利。君君雖不直接參與商談，但我們有責任維護孩子的權益，並且高於父母之上，案件轉回法官繼續處理。

社工處遇中的反思

在商談與會面過程中，社工需要考量孩子的需求、區分性別議題、化解親族介入。這對父母沒有充分溝通，使得孩子的照顧與分工都變成未盡事項；其實，並不是有父親的地方才是家，如果可以將「成家」變為兩個家的概念，懂得女性也是可以成家立業，是否可以解放父母的壓力？透過商談期許促進溝通，化解雙方一追一躲的關係模式，兩個家庭的概念於焉形成。

未成年子女監護權及扶養費，在父母協商中常常是場角力或是談判籌碼，需要小心明辨爭議背後的動機，共親職的目的之一是獲得前任配偶的支援與協助，使家庭資源得以善用；本文中的「扶養費不得增加」涉及未來的事實，有人會說未來遇到問題時再來打官司要對方支付，但此又會牽扯到當初協議中的內部分配議題。面對協議即將談妥卻卡關，但孩子的利益永遠是我們首要看重的，商談有可為與不可為。最後交接法官，成功不必在我。

尾聲：一萬元的扶養費也可以

再次看到君君，是媽媽帶她來的，媽媽說謝謝我們的幫忙，法官順著商談討論的結果持續對話，最終扶養費仍是爸爸說的那樣，然而那個商談的過程，有被深深肯定與尊重的經驗，化解了自己與君君的爸爸及前婆婆的對立，也成全了自己的甘願。媽媽說：「與君君的相處沒有問題，但透過觀察與學校老師的反應，君君似乎是個不擅長分享的孩子。」這些話好耳熟，我笑笑的回應：從來沒有擁有，要她怎麼分享；一旦擁有必會分享的！

我沒說出口的是：「辛苦妳了，妳說很多人羨慕妳和女兒團圓，法官判了妳要的結果，但他們不知道的是：這些都是妳用放棄換來的！」

同一天，爸爸也打電話來致謝。

「知道商談有些可以談，有些不可以談，只要隔週可以帶孩子與親族聚餐就是最樂見的結果了。媽媽給孩子小愛的照顧，我給孩子大愛的胸襟，我也可以更專心發展我的志業，我正在蓋房子給我們的子弟居住，這陣子很忙，還要輔選造勢，沒時間答謝。」爸爸開朗地掛上電話。

我在想這個故事完結了嗎？還是未來會有其他的發展？社工擺渡著人們上岸，也準備著人們哪天需要我們再次擺渡。君君母親患了憂鬱症，想死不一定是來自厭世，許多時候來自他們失去了最在乎的愛人——女兒。有時陪伴他們最好的道路，不一定是最快的那一條，法律賦予父母子女探視的責任與義務，但愛與品質終究是法律以外的事。

第五章

得到，從學會放手開始

寫在前面

國輝是我們服務了二年多的個案。剛開始國輝對於見不到小孩、司法的處理方式有很多的無奈情緒，不論社工說什麼，他的感受就是「司法也不能保障什麼、法律就是站在女性的一方……」。

但因國輝為了兒子鍥而不捨的精神，社工肯定國輝的付出，進而告訴他「他的堅持對孩子的意義」，突然，我們似乎看見了一絲絲曙光，我們倆的焦點不再是「媽媽怎麼樣、訴訟怎麼樣」，而是能談他和孩子那短暫見面的時光裡，發生了什麼事。原來，重心轉移了，國輝的態度也跟著調整了。

有時候，我們很堅持要走眼前的這條路，會用盡力氣地排除路上的阻礙。但有時候轉個彎，或許那條不起眼的路，反而會是當下更適合我們要走的道路也說不定。因此「想得到，或許先從放手開始」，能走的路就開闊了。

說好的協議呢?!

那一天，國輝簽下了同意半年不打擾小慧和翔翔生活的離婚協議書。

這半年多來，國輝沒有一刻是不想念翔翔的，在路上看到和翔翔差不多大的小朋友時，總會想著「翔翔過得好嗎？不知道現在有沒有長高一點了？」、「現在是不是已經會玩球了啊？」國輝常常這樣看著、想著到忘我。

「阿輝，你是怎樣，在恍神喔！」國輝的同事建明叫著。

「沒有啦！我剛看到那個孩子跟我家翔翔差不多大，就看到出神了。」國輝回答。

「明明就很愛翔翔，當初是哪根筋不對，簽什麼半年不見面的同意書，我看你真的是傻子，好啦！午休要結束了，走走走，上工去。」國輝的同事邊走邊催促著。

快到半年期滿的那一個星期，國輝無法專心上班，不停想像著翔翔與他重逢的畫面，國輝想著他要帶翔翔去哪裡玩。

那一天總算來了！國輝不停在客廳裡來回踱步，深深的吸了一口氣，他拿起手機，從通訊錄找到那個「老婆」——他沒有刪也沒力氣改變名稱的電話——帶著略為興奮，又充滿緊張的心情撥出了電話。

「喂，是小慧嗎？」國輝問。

「請問你是哪位？」小慧冷淡地回應。

「嗯，我是阿輝，我想跟翔翔見面。」國輝直接破題。

電話那端傳來了一陣沉默，過一會兒小慧帶著略為顫抖的語氣說：「當時你對我家暴，我很怕你，請你不要再來打擾我們母子的生活。」

國輝聽完，眼睛瞪大，深深的吸了一口氣，略為大聲的說：「我都無條件地答應半年內不打擾妳了，現在妳這樣說，是要我怎樣？翔翔不是妳一個人的。」

電話那頭又是一陣沉默，過了一會兒，小慧略為激動的說：「請你不要再來打擾我們母子生活，如果你持續騷擾，我就提出告訴。」

語畢，小慧掛斷電話，頓時間空氣像凝結了一般地沉重，而國輝像是洩了氣的皮球，癱軟在沙發上，手機也從國輝的手上滑落到地板上，國輝眼前一片空白。

星期一上班時，建明看到國輝無精打采、上前關心，得知即便過了半年，國輝仍是見不到翔翔，氣到不行，認為小慧太無理取鬧，於是當天下班，就拉著國輝去找律師進行諮詢，律師了解來龍去脈後，告訴國輝可以提出「酌定未成年子女會面交往」的聲請，當天就在建明的鼓吹下，國輝遞出了狀子。

終究，還是不得不進入法院

好不容易收到法院通知單，通知國輝前往法院進行調解，國輝過去沒有任何的訴訟經驗、相當緊張，不停地問律師自己要準備什麼、要怎麼說話等等，聽完律師說明了調解的程序後才讓國輝稍微寬心一些。

調解當天，國輝提早了半小時到法院，報到後就坐在一旁看著法院工作人員進進出出，過了不久，國輝看見小慧，身旁跟著一位很像是律師的人。他們報到完後，小慧瞄了國輝一眼，在律師耳邊耳語之後就到另一側坐著等候，國輝坐在椅子上輕嘆了一口氣，等待著自己被呼喊的時刻。

「陳國輝、宋小慧，請到第一調解室。」調解報到人員呼喊著。

國輝立刻起身，進入了調解室，隨後，小慧和律師也跟著進來。調解委員簡單說明調解的程序和目的，確認雙方都知道今日為何事前來調解後，小慧的律師拿出很多翔翔身心狀況的證明，說翔翔是「特殊寶寶」，生活不能有太多刺激、變化，且不能和小慧分開等等，調解委員在過程中不斷的協調、溝通，表明即便如此，國輝仍是有探視的權利，歷經了一個多小時後，小慧總算答應隔週六的下午三點至四點，國輝可以在陽光運動公園距離小慧十公尺的地方看著小慧與翔翔互動。

「豈有此理，這是什麼會面？」國輝對於此安排很不滿意，帶有情緒的說。

調解委員見狀，就先請小慧和律師出去，單獨和國輝談。

調解委員安撫了國輝的情緒，說：「我知道你很不滿意，這樣的安排我也知道對你不公平，不過要循序漸進，要媽媽放心，你才能順利看到孩子啊！你是不是就先忍一忍？」

國輝聽完之後，認為調解委員明白他的心情，於是暫時答應了這樣的條件。調解委員再請小慧和她的律師進來，說明會面暫時試行的方案，並訂了下一次的調解時間，就讓雙方離開。

這樣「遠遠的」探視試行了兩個月還算順利，雖然過程中國輝很想靠近翔翔，但常想起調解委員的話，國輝就努力忍住，克制自己的口與腳。

捱了好久，總算到了下一次的調解時間，這一次，小慧的律師未陪同，調解委員和雙方確認會面狀況，雙方均表示還算順利，沒有什麼衝突發生。調解委員期待會面能更進一步，於是就告訴小慧：「一般來說，會面都會要求同住方離開現場，以免引起不必要的爭端，或讓孩子感到壓力」，但小慧以翔翔是「特殊寶寶」為由，拒絕離開會面現場，調解委員各別會談了多回之後，國輝為了與翔翔有接觸的機會，同意小慧在場，隔周六下午兩點至四點，在中央圖書館和翔翔進行會面。

父子的再相遇

國輝期待已久的這天總算到了！

國輝提早到了圖書館，觀察了一下，發現圖書館周邊有大草皮，適合翔翔在此玩耍，國輝手上拿著球和小汽車，滿心期待和翔翔會面的那一刻。

兩點一到，國輝看見小慧推著嬰兒車，翔翔坐在上面，緩緩地朝著國輝的方向走過來，國輝看見了翔翔，立刻小跑步上前，在嬰兒車前蹲了下來，說：「翔翔，我是爸爸，你記不記得爸爸啊？」

翔翔沒有反應，抬頭看了小慧一眼，小慧面無表情地站著，眼神飄向遠方，未與翔翔有眼神上的交流，翔翔有些困惑，又看了一下在他眼前的這個陌生人。

翔翔的反應讓國輝有些錯愕，和他腦中描繪的畫面完全不同；尷尬的國輝巴不得有個地洞可以鑽進去，但為了拉近和翔翔的距離，國輝仍是硬著頭皮撐住場面。

「翔翔，爸爸好想你啊！你看，這是什麼？」國輝說著並從袋子裡拿出了小汽車。

翔翔又是一個抬頭，看小慧臉上沒有表情，就伸手準備拿小汽車。此時，小慧突然「咳」了一聲，翔翔聽見了，就趕緊把手縮回來。

「妳是在搞什麼鬼啊！」國輝心裡暗自的罵著，但仍是要控制好自己的臉部表情，微笑對著翔翔。

「啊！翔翔，你看，前面有草地耶！我們去玩球球好不好？」國輝高八度的說著。

「我今天沒給翔翔帶鞋子，而且他喝奶的時間已經到了，我要帶他去哺乳室了。」小慧冷冷的說完後，就推著翔翔離開，翔翔回頭看了國輝一眼，就再也沒回頭了，留下了一臉錯愕的國輝，以及國輝身旁的一袋玩具。

幾次探視下來，國輝頗挫折的，過程中不是被打岔要換尿布，就是要餵奶，國輝很少能完整探視二小時，甚至父子互動還不錯時，小慧就會來翔翔耳邊耳語，只要小慧耳語完之後，翔翔就會對國輝生氣，或是刻意與國輝保持距離，國輝的內心真的很難受。

憤怒、揪結，與揪心的無奈

這樣又經過了兩個月，國輝在調解時，就表達了自己的心情，認為自己向法院提出聲請是要解決問題、爭取應有的權利，不是來找罪受的，調解委員嘗試安撫、說明。在這次的調解，對於會面的安排並無任何進展，調解委員評估雙方都需要有些鬆動才行，調解結束後就帶雙方到法院的家事服務中心找社工，並向社工簡要說明現況。

此時，小慧表示自己還有事情要先行離開，社工一方面留下小慧的聯繫方式，一方面關心臉色難看的國輝，輕聲問國輝是否需要談一談？國輝點點頭。於是，社工安排國輝進入了會談室。

國輝一坐下來，劈頭就問：「我是不是乾脆放棄算了，我這樣很痛苦，我也不想讓孩子這麼為難。」社工同理國輝的感受，在交談中了解事情的來龍去脈後，社工說：「你現在正在做一個榜樣，讓翔翔知道，即便再困難，爸爸都堅持要會面，這會讓翔翔知道自己有多麼的特別與重要，值得爸爸一再堅持。」

國輝聽完後，臉部的表情開始放鬆。頓時之間覺得自己的努力值得，正在為兒子做一件非常了不起的事，臉上也有了一點笑容。會談結束，國輝起身向社工鞠躬表達感謝，並詢問後續若有問題可否再與社工聯繫？社工點了點頭，遞上名片。國輝將名片收進自己的皮夾，步伐總算輕盈了些，轉身離開了服務中心。

過了些時日，國輝覺得應該可以單獨會面了。這段時間探視過程算是順利，小慧應該沒什麼藉口，於是再次提出要求，調解委員就協助安排下次會面要去動物園，而且小慧不能跟在旁邊。

好不容易到了會面那天，國輝相當興奮，到了忠孝復興捷運站等著，當國輝從小慧手上抱走翔翔時，翔翔大哭叫著「我不要、我不要」，但國輝很快速地用玩具吸引了翔翔的目光，過一下子，翔翔的注意力就在玩具上，於是，國輝順利地帶著翔翔進了捷運站。國輝和翔翔正要走到月台時，電話響了，國輝一看，是小慧打的，心裡納悶是「有什麼事嗎？」，於是順手一接，「翔翔的尿布我剛忘了給你」，電話那頭小慧說著。

「喔！那我去捷運閘門那裡跟妳拿。」國輝回應著。

國輝抱著翔翔回頭走向捷運閘門，想不到翔翔再見到小慧時，又哭又叫，掙扎著要給小慧抱，國輝無法安撫，只好刷卡出閘門，之後，不論國輝再用什麼玩具吸引，都已帶不走翔翔，那天，就這樣結束了會面。

國輝的心情很低落，隔周一一早就打電話給社工說明那天會面的狀況，社工同理國輝的感受外，也提醒國輝，「下次記得先列好清單，交付時一一點交，若有缺少，寧可過程中再買也不要再折返，否則讓孩子再見到媽媽，要帶走還真的會有困難」。這番話對國輝而言是一個很大的提醒，國輝一直以為自己已經準備很充足了，想不到就是敗在這樣的小細節上。

社工處遇中的反思

國輝和小慧互動時那種緊張的氛圍，翔翔也一定感覺得到。在翔翔的小小世界中，一定認為「爸媽相處不好與我有關」，所以在這樣的過程中，翔翔一定會更在乎自己的表現，可能會出現更多的討好，或者是對於照顧自己的媽媽有更多的認同；媽媽敵對的人，也會成為翔翔的仇人。

國輝的挫折、想放棄的心情也讓社工感到揪心，當國輝看見翔翔與小慧分離時的痛苦，或是對自己的仇視，為人父母者的情緒一定是很複雜的。會了面痛，不會面也痛，如何跳脫感受、轉換思維確實是項大考驗。

他們的過去述說了什麼？

實在是好糾結的會面狀況，本該是個自然的互動情境，怎麼讓翔翔變成了夾心餅乾？又怎會鬧上了法院？在這個家裡，究竟發生了什麼事？國輝說：

「我和小慧是在公司認識的，當時小慧很年輕，卻在公司做清潔，我那時就在想：

『這女孩這麼年輕，怎麼會來做打掃的工作？是不是有什麼苦衷？』因為當年我的母親也是做清潔工把我們養大的，所以我就常常觀察小慧，也在小慧需要時幫她一把，久而久之她開始願意跟我聊天；下班後，我也會約小慧共進晚餐。剛開始小慧常常藉故推辭，但我仍舊不死心，可能因為我的堅持吧！小慧總算願意和我出去，也跟我說她有一個會家暴她的前夫，聽了真的讓我很揪心。

「我們交往了一年多，我向她求婚，我告訴她：『我保證不會像妳前夫一樣對妳家暴，會把妳過去失去的幸福加倍的還給妳。』她聽完滿臉淚水的點頭，同意嫁給我。

「我們結婚沒多久，小慧就懷了翔翔，我為了讓小慧不要在經濟上有後顧之憂，也希望盡快幫媽媽還清債務，除了正職工作外，下班還兼了一份差事，假日也當司機兼差，在家的時間很少。

「我對小慧當然覺得虧欠，但總是心想：『等我拚個幾年，錢存夠了，就可以不用那麼辛苦，這年頭要像我這樣刻苦耐勞，為妻小著想的男人哪裡找。』不過說真的，回到家常常是很累的狀況，她前一段婚姻的孩子呈呈有過動傾向，又常常欺負翔翔，我看了真的沒有很順眼，所以他跑來找我的時候，我雖然不會兇他，但就是叫他自己去旁邊玩，不要來煩我。我又不會打他，又給他買了很多的玩具，已經比他生父好很多。

「說到翔翔，不是我在說的，他真的可愛、貼心到極點，每次看我回家很累，他就會笑給我看，還會一直『把拔、把拔』的叫，這個小孩真的沒有白生。

「你問我小慧和我媽的互動狀況喔！我覺得我媽從小把我們養大很辛苦，又要面對一個酗酒、好賭的先生，我媽真的很不容易，我媽來我們家拿錢也是應該，而且我媽每次來，都不是空手來，都會煮我愛吃的菜，也會買水果來。但我發現小慧沒有很喜歡我媽，每次我媽來過的那一天，小慧的臉色就很難看，講話也很酸，我真的不知道她是在不滿什麼，錢是我在賺的，我給我媽一些有什麼不對？漸漸的，我覺得小慧沒辦法和我同心，我也懶得再說她什麼，反正能忍就忍、能閃就閃。」

「看起來你有找到互動的平衡，那你們怎麼會走到離婚這一步？」社工有點好奇的問。國輝深深吸了一口氣，緩緩的說：

「那一天，我下班心情很煩，就買了瓶啤酒坐在路邊的椅子上喝。突然聽到女人的爭執聲，我仔細一看，我看到小慧正在對我媽咆哮、大吼，我整個火都來了，我衝過去把小慧拉進電梯，在電梯裡打了小慧一巴掌。我罵她：『妳爸媽是怎麼教妳的，怎麼這樣沒有教養。』

「她一臉委屈，兩眼充滿淚水地看著我，帶著哽咽的聲音說：『當初你說你不會對我家暴，你要給我幸福，你說話不算話，我要跟你離婚。』我那時候喝的有點茫，她這些話，還真的把我吼醒了，我動了手打人，自知理虧，只好同意小慧的所有條件，半年不看翔翔、不和他們有任何聯絡。」

講完後，國輝嘆了嘆口氣，低著頭不發一語。

過了些日子，社工與小慧聯繫，想了解小慧對於會面安排的想法，以及當中的困難為何。

小慧說：「我自己前一段婚姻是被家暴而離婚的，費了好大的心力，才把呈呈帶走，給呈呈一個安全的成長環境，我已經看盡了人生百態，所以對人無法信任。」小慧說到此，深深的嘆了一口氣。

「那妳和國輝又是怎麼會在一起，以及走到今天這樣的局面？能不能讓我知道你們之間的故事？」社工謹慎地探問。接著，小慧娓娓道來她和國輝的故事。

「那時候我自己要照顧呈呈，雖然有從阿忠（前配偶）那裡拿了一些錢，但呈呈常生病，錢也是會用完，又加上自己沒什麼專業技能，所以就去當清潔工，也因為這樣認識了阿輝。

「剛開始阿輝真的很好，他常會幫我的忙，漸漸的我們越來越熟，我也答應和他交往，才跟他說我那一段可怕的過去，想不到他很心疼，告訴我他不會再讓我受苦、受委屈，我很感動也漸漸地信任他，因為他一再的保證都有做到，所以我相信他會真心愛我、疼我。

「想不到當有了翔翔，家裡經濟壓力變大，我一個人照顧二個孩子需要人手幫忙，而阿輝卻又忙於工作時，我們的爭執變多了。

「漸漸的，我感受到我只是顧家、顧孩子的工具，他給我的只是一堆要求與責任，於是，我越來越不能相信阿輝，但我常常告訴自己『至少阿輝不會對我家暴，他是可以信任的』，我不斷地對自己洗腦，要自己能相信阿輝。

「那一天，他媽媽對我酸言酸語，阿輝沒搞清楚狀況就打了我一巴掌。那一夜，我無法入睡，過去被家暴的場景一幕幕浮現，過去呈呈曾因此離開我身邊，那種痛苦我無法形容，所以當夜，我下定決心，一定要斷絕阿輝和翔翔的接觸，我不是為了報復，而是我知道，阿輝和阿忠一樣，不是真心愛著孩子，也沒有本事照顧好孩子。」

小慧說完，整個人似乎輕鬆了不少。

「現在的經驗和過去的經驗似乎有些不謀而合之處，難怪當阿輝和翔翔開始接觸，妳會這麼緊張、擔心。但前朝歸前朝，有些感覺需要劃分清楚才能繼續往前走，才不會被過去的經驗給綁架了。」小慧聽完後，抬起頭，眼淚在眼眶裡打轉，久久不發一語。

社工走出了會談室，坐在位子上久久不發一語。遺憾著這位命運坎坷的女性尚未了解事情的全貌，就先順著情緒衝動處理，不單單傷了關係，有時候也是斷了自己的後路；未處理的創傷經驗，當雷同情境再現時，不單單只是影響著自己，有時候也決定了孩子的命運。

社工處遇中的反思

從小慧的陳述中，可以看見當國輝忙於工作，無暇理會小慧，又加上婆婆時不時的出現一下，漸漸加深小慧在關係中的不安及不滿。當國輝那一巴掌打下去時，小慧過去受暴經驗的封印完全被打開了，以至於小慧的感覺完全回到過去，那些恐懼、憤怒、焦慮、不安等情緒完完全全地爆發出來，使小慧無法分辨哪些情緒屬於過去、哪些情緒屬於現在。因此社工點出了小慧會如此反應，是因為過去和現在的經驗有些類似，當這個癥結點被點出來後，小慧才有辦法停一停、想一想，回到現在的處境，並表現出適當的情緒與決定。

她的放心與他的鬆動

有了這次的深度會談，社工更了解國輝、小慧的過去，他們對社工也有更多的信任。社工讓國輝練習著，在會面中，如何把焦點放在孩子身上、孩子有情緒時可以怎麼處理、如何不被小慧的冷言冷語或干擾的行為激怒。國輝很認真的練習，並會把困難紀錄下來與社工討論。

而小慧的部分，社工同理小慧的感受、情緒，也幫她安排了心理諮商，讓小慧看見自己過去受的傷是如何影響現今的自己。並且與小慧討論，會面讓她擔憂的事項，也幫助她了解法院會面的安排和進行方式。小慧聽完後，認為法院會面比直接讓國輝在社區單獨和翔翔會面讓她來得放心，因此表示會在調解時提出。

在調解時，小慧提出「法院會面」的想法，調解委員將內容轉呈法官，藉由法官的轉介，中心開始著手進行安排會面事宜。因為國輝、小慧已有些鬆動，且國輝和翔翔這段日子都有接觸，於是親子會面協調員和三方各別會談、互動後，很快地安排了第一次的法院會面。

法院會面帶來的曙光

這一天，小慧依約定提早半小時帶翔翔到法院，因為翔翔和親子會面協調員有些熟悉，會面室裡又有他愛玩的變形金鋼，於是很快地進入會面室玩玩具，小慧則蹲在身旁，不停的提醒翔翔「要記得喝水、想尿尿要說」，此時，翔翔眼裡只有玩具，略帶敷衍地說「好啦！我知道啦！」小慧緩緩起身，告訴親子會面協調員：「我不會離開太遠，如果要我提早來接，可以打電話給我，沒關係的。」親子會面協調員請小慧放心，親子會面協調員全程都會陪在一旁，小慧才緩步離開。

過了一會兒，國輝到了，在親子會面協調員的確認、引導下，國輝進入了會面室，翔翔原本和親子會面協調員又吼又叫的玩，但看見門開了、國輝進入，頓時間翔翔安靜了，國輝看著翔翔手上的汽車，就說：「哇！翔翔在玩車車啊！」翔翔點了點頭，過一會兒，國輝也拿了一台汽車把玩著，時不時模仿著翔翔的動作，漸漸的翔翔話比較多了，結束時間前十分鐘，親子會面協調員先做了預告，翔翔挑了戰車結束這一回合。

第二次，小慧看起來比較放鬆些，翔翔依舊被玩具吸引著，小慧叮囑翔翔後就離開，國輝也依約定時間抵達，親子會面協調員帶國輝進會面室時，翔翔有停下手邊的玩具，看了國輝一眼又繼續玩，國輝依舊同步模仿著翔翔的動作，拿著同類型的玩具和翔翔互動，翔翔一會兒拿著玩具跑呀跑，一會兒拿著筆畫畫白板，過一下子，翔翔突然停住不動，眼睛盯著牆壁上的猴子壁貼說：「猴子！猴子！我要摸猴子！我要摸猴子！」翔翔叫著。

「翔翔要摸猴子啊！爸爸抱翔翔去摸猴子好嗎？」國輝回應著。

「好啊！好啊！我要摸猴子！」翔翔又叫又跳。

接下來，國輝一把把翔翔抱起，讓翔翔坐在肩上，帶著翔翔摸完牆上所有的猴子，此刻，國輝好滿足，夢寐以求的時刻，國輝總算等到了。

不過，在這次事件之後，國輝也不再這麼堅持現階段一定要在社區和翔翔單獨會面，對國輝來說，能把握時間和翔翔穩定會面，比花時間爭取表面上平等、卻讓翔翔很有壓力的會面更有意義。

在別人眼裡，國輝像是個傻子，明明和翔翔的互動不差，卻只能關在一個小房間和翔翔互動，但在國輝心裡，知道自己不傻，因為自己已得到了與翔翔穩定互動的機會。

會面結束後，國輝走出了法院，望著天空笑著，國輝清楚地體認到：「獲得要從學會放手開始，願意失才會有得。此時此刻能這樣，真好。」

合作父母小叮嚀

在實務中，我們常常看見，當孩子拒絕探視，或在探視後行為有些退化、難照顧時，同住方就認為不應該安排會面，認為勉強孩子經歷這樣的壓力是不合理的。因此，同住方會不停地為孩子發聲、提出諸多證明，來顯示孩子不應該再與探視方有任何的接觸、連結。

當同住方有了這些行為時，往往不自覺會開始變得緊繃、焦慮、膽顫心驚，孩子不見得知道所有事情的原委；但孩子知道，每當要與探視方見面時，同住方都變得「怪怪的」，在孩子的心裡，就會解讀成「會面是一件可怕的、不對的事」，孩子很容易就與同住方的情緒同步，原本一件中性的事情就變得有對錯之分。此時，若同住方能意識到自己的狀況，適時尋求專業協助，相信能減緩在安排會面過程中的辛苦。

這種情況十分常見，孩子與探視方的陌生感，需要時間暖化，同住方若受過去經驗影響而有負面情緒，則會進入惡性循環，使會面更困難、孩子承受更多的壓力。在這時候，親子會面協調員的專業服務工作就很重要，能舒緩父、母、孩子三方的情緒，並能用漸進有效方式促成平安而愉快的會面，雙方努力產生良性循環，許多困難便能迎刃而解。

當事人的前一段關係中的情傷，是需要療癒的，當事人的心靈是需要照顧的，孩子會因大人們的情緒漸趨平穩而獲益匪淺。

新仇舊恨很難釐清，未經處理的創傷記憶浮現出來，常常在無意識中干擾著現在而不自知。

第六章

一年，只能和女兒相聚48小時！

寫在前面

在法院，看到許多父母衝突後，造成孩子無法與另一方繼續見面的案例，我們心疼孩子沒得選擇、被迫分離的過程，總想著我們能為孩子多做一些什麼。在這個案例中，媽媽不放心爸爸單獨會面，因此法院轉介社工擔任會面過程的「親子會面協調員」，讓琳琳可以藉著我們的參與，在法院繼續與爸爸會面。協助會面的過程壓力很大、心情也很沉重。既要協調爸媽之間的衝突，也要擔心孩子在會面過程中被搶走；同時也心疼孩子只能在小小會面室中，與爸爸每次兩小時的相處。但我們知道，如果沒有我們親子會面協調員的參與，琳琳與爸爸的親情可能就中斷了；因此，即使辛苦，我們還是願意繼續陪著孩子、父、母一起前行。

琳琳的爸媽在生下琳琳後不到二年，就因為不斷爭吵而分居，媽媽帶著琳琳回到娘家。兩人因為無法溝通、彼此喪失信任，分居期間媽媽一直不願意讓琳琳跟爸爸見面；父女倆，從媽媽離家後，就再也沒有聯繫或見面。

一年後，媽媽向法院提起離婚訴訟。在調解的過程中，法院認為父母的衝突不應剝奪孩子會面的權利，因此調解了一個暫訂的會面方式：「每個月的第二、四週的週末，爸爸可以和琳琳會面，會面地點由父母自行協調。」

前幾次會面，雖然是執行了，但是過程很不順利。單單要喬一個父母兩人都接受的會面地點，就在LINE裡面爭執許久。爸爸說：

「我說要去親子館，她說那邊人太多容易感染……，我說要去騎腳踏車，她又說太熱……，還叫我去圖書館就好……。琳琳才三歲，是能在圖書館裡待多久……

「我每次跟女兒會面她都要跟，我不喜歡，但也勉強同意了，我盡量配合就是為了能看到女兒。但LINE會面給她，她都要很久才會回，甚至有一次還是到會面當天早上才回，害我前一天晚上焦慮到根本睡不著，因為我不知道隔天到底見不見得到女兒。」

幾次不順利的會面後，有一次是約在兒童樂園會面；爸爸終於忍不住趁媽媽去買門票時，突然抱起琳琳衝上計程車把琳琳帶走。

在調解期間的搶奪，讓法院很生氣，認為「在法院的安排下，爸爸都敢搶走小孩，爸爸利用了大家的用心與良善，這讓法院怎麼能夠再相信他？」，監護權也在媽媽聲請下，從原本的共同監護改成暫時由媽媽單獨監護，孩子當然也還是必須回到媽媽身邊。

「我是為了孩子的心願才會帶走她的」

父母間僅剩的一點點信任，在搶奪後蕩然無存，媽媽再也不願意讓爸爸單獨看孩子。但為了維繫親情，法院仍期待在案件結束前有人能協助會面，我開始以「親子會面協調員」進場協助他們在法院會面。美其名是「協助會面」，但「監督」才是這個服務的核心；因此即使是在法院會面，每一次過程我都還是必須緊盯著不放，深怕再次上演搶奪戰。

第一次看到爸爸時，是在一個烏雲密佈、下大雨的下午，天氣彷彿也代表著他一直以來的心情。他說：

「我真的好久沒有看到琳琳，我好想她，如果一定要透過你們服務我才能看她，雖然我覺得這一切對我跟琳琳都很不公平、雖然我很想帶她出去玩，而不是關在小小的空間，但是我願意配合，因為我也沒有別的選擇對吧……。」

爸爸接著跟我訴說了他的故事。

「我們會生小孩，是因為她說年紀大了，想要一個孩子。沒錯！我承認我一開始覺得兩人世界不是很快活？何必一定要有小孩，對於懷孕我是沒有那麼大的興致，也不懂當父母的意義。但是最後我還是同意了啊，怎麼能說我完全不想要小孩或不想愛小孩？

「我還記得琳琳出生時，我站在產檯旁邊，醫生要我剪臍帶，我全身都在發抖，我發現小孩這麼精細、那麼小。看到琳琳的第一眼，我就哭了，這是我的女兒！啊……她的眼睛、鼻子都像我……

「媽媽根本就有公主病，是她自己說想要有小孩，但生了琳琳後，她都不做家事、不會照顧小孩，根本就是我在照顧小孩，我才是知道孩子每一個成長細節的人。她一歲二個月的時候叫我第一聲爸爸，我高興得哭出來啊！

「琳琳還不到一歲，剛學會翻身時，我出門買東西，叫她照顧一下，但我一進門就看到她只顧自己滑手機，而琳琳翻身從床上摔到地上，碰的一聲！目睹她摔下來，我多心痛啊！就是那一次，我們激烈爭吵，我承認我有動手推她一下，但那是因為她先對我大吼大叫、又打我耳光，我實在是太心疼孩子所以回推她一下，也就只有那一次，但是她卻到處說我打她、不斷告我。我的錢都花在請律師了，我真的怕死她了。

「如果不想要小孩，她懷孕後我早就一走了之，但是我們琳琳出生後，一起共同生活了二年，我不斷忍耐與努力，還不是為了給小孩一個完整的家。但她呢？她卻動不動就威脅說要帶琳琳回娘家，最後居然一去不回，讓我看不到小孩，琳琳從小都是我在照顧的，她什麼都不會，我真的好想琳琳。

「我不懂，為什麼她可以帶著孩子一走了之一年之久。為什麼我就不能帶走小孩？孩子也是我的！她當時把孩子帶走也沒有經過我的同意。現在每次會面我都要經過她的許可，而且她想回覆我才回覆我，常常是已讀不回，好像高興才施捨我一下。每次和琳琳會面後，都不知道下次還見不見得到她。好幾次會面時，琳琳都跟我說媽媽常常不在家，都是阿嬤在照顧她，她說想跟我回去，我是為了孩子的心願才會帶走她的。」

不願結束的時光

協助琳琳與爸爸的第一次會面的那一天，孩子先在會面室等爸爸。通常這麼久沒見面，親子關係會有一點生疏，會需要親子會面協調員的暖身與促進。但當爸爸走進去時，琳琳以百米的速度衝到爸爸身旁叫「爸比」，爸爸大大張開雙臂，琳琳就跳到爸爸身上，爸爸抱起琳琳，兩人又叫又跳。

接著，爸爸從背包拿出一組神奇寶貝公仔——我猜應該是他們一起玩過的公仔，因為父女兩對於每一個公仔的名字如數家珍——然後開始戰鬥、攻擊、扮演好人、壞人……。玩累了，琳琳躺在地上，爸爸也躺了下來，兩人自然地聊了起來，彷彿這是他們每天的日常。

會面即將結束時，我提醒時間要到了，琳琳把我們收起來的玩具又拿出來，在小小的會面室繞來繞去、對每個物品東摸摸西摸摸，彷彿不願結束這個時光。

最後結束前，爸爸輕輕擁抱琳琳說下次再見。當我牽著琳琳的手離開時，可以看到爸爸眼中強忍的淚水，因為他知道，下次見面必須等到二週後，要半個月後才能再度擁有這兩小時的父女親密時光……。

再一次會面時，爸爸跟琳琳說：「我們上次見面的時候，爸比看妳比之前跟爸比住的時後長高了、腳也長大了，爸比買了新衣服，上面有妳最喜歡的角落生物，還有一雙新鞋子，也有你最喜歡圖案。妳試試看大小合不合。」父女倆拿著新衣服與鞋子試穿，琳琳好開心。

接著爸爸跟琳琳一起玩丟球、跑來跑去、玩到流汗，爸爸細心地從包包拿出水給琳琳喝、拿出毛巾幫琳琳擦汗。琳琳吵著要爸爸講故事，爸爸選了一本繪本後，琳琳很自然地躺在爸爸懷裡聽爸爸講故事。

社工處遇中的反思

儘管父母的關係緊張，但感謝琳琳爸媽願意在親子會面協調員的建議下，練習不要在琳琳面前批評對方，也在琳琳面前接受孩子展現對另一方的愛和思念。爸爸練習在會面時，全心全意在遊戲室陪琳琳玩、不探詢媽媽家裡的事，如果琳琳主動提到在媽媽家的活動時，爸爸就微笑聽著。媽媽也練習不評論爸爸送琳琳的禮物；甚至在會面前，會幫琳琳換上爸爸送的新衣服與鞋子。漸漸的，我看見琳琳可以在爸媽面前，高興地跟媽媽說再見、奔向爸爸；會面結束時，琳琳也會開心地跟媽媽展示爸爸送的物品。我發現，如果父母雙方有心，願意做些努力，會面的信心和品質會慢慢建立的。

因為搶奪事件，爸爸失去了法院對他的信任；一審結束，媽媽獲判擁有琳琳的單獨監護。爸爸仍舊僅有每月兩次、每次兩小時的會面機會。裁定後的唯一不同，只是將會面地點從訴訟中的法院遊戲室，改到家防中心的監督會面室，一樣需要有人監督、一樣不能帶走。

我不知道故事最終會是什麼結局？我只知道，父母的不信任與衝突，換來這對父女每個月僅能在被監督下會面四小時，算一算，也就是孩子每年僅能擁有四十八小時，在小小的會面室見到會陪她玩公仔、玩丟球、講繪本、躺著聊天的爸比。

這樣的方式，勉為其難地維繫了親情，但是多麼不自然！孩子漸漸長大後，還會願意在會面室待多久？

合作父母小叮嚀

作為一位多次在會面過程中觀察父女互動的親子會面協調員，我不懷疑這個爸爸是愛孩子的。

母愛可能是從懷孕那天就開始了；從嬰兒在母體形成的過程、感受奇妙的胎動，與孩子的生命緊密連結。但父親對於孩子的愛，卻往往是要看到孩子脫離母體、降臨人間，才會開始去愛他，從第一眼看到小孩、第一次擁抱嬰兒，父親的情感湧現、才開始學習為父的愛。這個自然過程，或許是許多女性應該體諒的。

琳琳的爸爸或許在一開始並不期待琳琳的出現，因為他並沒有準備好當父親。但是當這神聖的角色被迫降臨，他開始接受、練習、照顧和愛了孩子，不論從哪個角度看，都不應剝奪他給孩子珍貴的父愛，也不應剝奪他享受跟孩子互動的經驗。

第七章

難解的爭奪戰

寫在前面

曾經我們在一次提供會面交往服務中，親耳聽聞小一的孩子因為擔心父母爭吵而失眠，讓我們深深地體悟到，孩子夾雜在父母彼此仇視之間的痛苦，有時比我們想像的更加沉重與深刻。因而，我們形式上服務對象是父母，但我們內心清楚，很多時候我們更關注的是那些不見得有機會看到的孩子。

會面交往的進行，常常是離婚夫妻的另一個角力戰場，同樣也是孩子痛苦的延伸，尤其是讓孩子無預警地經歷居住轉換、照顧者的變動、手足的離合時；可想而知，孩子也將更加無所適從。

希望藉由以下的案例，能讓父母們重新思考成為照顧者的意義與價值：孩子的幸福，難道不該是他們最深的盼望嗎?!相信許多為人父母者都不會否認，我們都是有了子女之後才學習如何當父母的。當父母很多時候是作中學、錯中學，更像是一種修練的過程。

那一天，一個同樣讓人憂鬱的星期一，工作不久電話聲響起，我一如往常接起電話，電話那頭傳來一位父親焦急的聲音：「社工，我的孩子被她媽媽騙走了！」老天爺，怎麼又來了！我心裡滴咕著，腦中卻閃過兩年前，我第一次遇上搶奪議題的案例。對，那位鎮定的媽媽——小如，她為我上了一課。

親子間的牛郎織女

當時，小如與先生已經分居，爸爸帶著四歲的大女兒芮芮，小如和一歲的小女兒菲菲同住，小如無奈與不捨的說：「怎麼會願意讓姐妹分開來？被趕出門的時候，我何嘗不想要帶著老大一起離家，但在那個衝突的場面，芮芮已經嚇得只會搖頭，所以我只好忍痛狠心帶著小女兒菲菲先離開。而且我也知道，如果兩個孩子都跟著我，他的情緒一定更激烈，無法想像會發生什麼事情。」

事實上，正如小如所料，分居期間，先生不斷以「兩個小孩都跟我姓，我也不希望她們姐妹分開，而且我更不相信妳能照顧好小孩。要走妳自己走，你趕快把菲菲給我送回來，否則跟妳沒完沒了，我一定告死妳。」先生也斬釘截鐵說：「我不會阻擋妳看芮芮，妳要看，就請妳帶著菲菲回家來看，我不可能讓芮芮在其他地方跟妳碰面的。」

小如難過說：「雖然我好想念芮芮，之前主要照顧的人也是我，但我也擔心若回去那個家看芮芮，一定會吵架，搞不好還會拉扯，我真的不想讓小孩再看到這種場面，再受到驚嚇。所以我已經請律師幫我向法院提出離婚訴訟，我聽律師說，調解的時候會討論到探視的事，所以我就先忍一忍，等法院通知調解之後再看狀況……。」

電話中，小如語氣似乎沒有太大的憤怒，更多的是面對先生強硬說詞的無奈與看不到芮芮的傷心，面對這個困難的情形，我也只能先聆聽，表達安慰與支持小如現階段的決定。

我獲知了調解時間，表示如有需要，當天也可以徵得法官同意讓我陪伴進行調解，小如客氣地說：「沒關係，我已經有請律師當天陪我，應該先不用了。」語氣中，聽得出來小如不願多麻煩別人。我表示尊重，也告訴小如會後續追蹤調解的情形。這是我們的服務，為了確保會面順利和「安全」。

社工處遇中的反思

許多分居或離異的父母，因為無法達到合作照顧上的共識，再加上彼此關係中的不信任，一旦沒有同住後，對方是否有能力或有權利照顧小孩，時常都成為雙方角力的重點，尤其同住方也常會面臨到擔心另一方會在會面後不依約定交付孩子而遲疑進行會面交往，而往往這樣的歷程卻也衍生父母之間更多的衝突或誤解。事實上，目前各地方家事法院的家事服務中心，不只是對離婚案件的監護權和探視方式有所協助，就連未離婚、父母只是分居的親子相關案件，同樣也有協助會面交往方式訂定之服務與相關的協助，若是父母們願意早點使用相關資源，或許就不一定需要走到這樣撕裂的局面……。

暴風雨的前奏

■調解時……

小如說：「我很希望是有第三人在場的會面形式，但是當天的調解委員態度堅定，認為我們的狀況可以自行在外面會面，先生也不斷在旁邊附和，我擔心自己如果堅持要第三人在場，會被法官認為是不合作的父母，只好答應了。」

■會面時……

會面當天，小如雖然心中有些擔心，但想著可以看到許久未見的大女兒，還是興奮地帶著妹妹前去，希望能見到姊姊，同時也讓兩姊妹可以碰面。到了約定的地點，小如發現大姑也跟先生一同前來，著實讓小如覺得自己的後盾單薄了些，小如心中好想哭，卻強忍著，唯恐嚇到孩子。但大女兒似乎變了，好像怯生生地不敢靠過來，眼神一直停留在爸爸和大姑姑身上，只有當他們離得比較遠一點點的時候，才敢跟媽媽說話。

但芮芮卻不斷重複說著：「把妹妹還我，把妹妹還我……」當下小如完全傻眼，沒有心理準備姐姐會這樣說，一時語塞不知道怎麼回答。只能假裝沒聽到，喃喃的告訴她：「媽媽還是很愛妳，沒有不要妳。」

小如當時心裡又氣又急，一方面想著一定是先生在孩子面前亂說話，另一方面也氣自己竟然詞窮，不知道該如何回應孩子，只能抱著之後會有機會跟孩子解釋的希望，恍惚著說些關心她生活的事情。就這樣，第一次社區自行會面在「雖不滿意，勉強可接受」的狀況下結束了。

我事後電話追蹤，發現那一天小如獨自面對夫家的壓力，因此建議她下次可再跟調委提出雙方都單獨帶小孩赴約，以免場面權力的不平等，小如也應允說好。掛下電話，我樂觀想著，如果能就這樣漸進地展開自行會面也不錯，或許還有機會讓會面交往的程序就此落幕。誰知事情並非如我所想的簡單，原來這只是暴風雨前的寧靜……。

暴風雨降臨

一個週一的清早，小如打電話給我，語氣雖有點急躁，但她仍強作鎮定地說著：

「他利用上周末第二次社區會面時，在大姑的協助下——應該是預謀的——把菲菲抱走了。我當時只是低頭看包包，找一下東西，他們趁我不注意時動手，我一抬頭就發現他和老二菲菲都不見了，大女兒也被我大姑牽著手正要離開，我趕快追上去問我大姑『他把菲菲帶去哪裡了？你們要去哪裡？』我大姑只是冷冷地說：『你可以報警啊。』當下我真的傻住，不知道該怎麼辦？待我回神後馬上打電話報警，警察聽完也只是淡淡地說：『這種家庭糾紛只能去法院處理。』那天我失神落魄，不知道我是怎麼回到家的……。」

小如後來一直狂打電話和傳簡訊給先生，先生一開始也都已讀不回，等到晚上才打電話給小如，說他不會把小女兒交給她的。還說他已經帶孩子去做全身健康檢查，如果有什麼狀況，一定會把她告死。可能是受律師指導，最後還是補了一句會讓小如看小孩，但是一定是要她回夫家去才給看。

聽了那一天的風雨，我當下腦中似乎也因驚訝而短暫空白，反倒是小如接著補充了與律師討論的訴訟策略，才讓一時詞窮的我有了台階可下。

小如接著說自己這幾天無法吃睡的情況，我除了安慰她之外，也想要了解小如接下來的計畫，因為先生告知小如可以返家探視小孩。小如語氣難過但也清楚地說出：

「其實自己知道孩子在生理上會被爸爸妥善照顧的，只是擔心小女兒心理上可能跟老大一樣，也會被先生洗腦而跟自己疏離。如果現在回家的話，在夫家人眼前，互動也不會自然，反而很可能會跟先生發生衝突而讓孩子們目睹。當我要離開時，小女兒一定會哭，所以我想了想，還是忍耐到下次調解時，再來處理。……律師已經幫我寫陳報狀，希望法院儘速安排調解了。」

我聆聽著小如語氣中帶著哀傷，還是沉穩地說完自己的想法，內心也著實地佩服這個女人，如此理智地考量到孩子們的處境。

暴風雨帶來的轉變

就這樣過了一個多月，終於等到調解的當天，我也主動聯繫小如，表達雖然知道已有律師會陪她，但還是希望可以陪同她調解，以了解後續服務上可努力的部分。這一次小如同意了，同時也表示希望可以在調解前先跟我碰面，舒緩一下緊張的情緒。

小如依約來到中心，我簡單關心著她的近況與調解的準備，小如說：「其實一開始真得滿難熬的，會一直想念兩個孩子，吃不太下也睡不好。但老實說，一兩個禮拜後，發現自己多出不少時間。之前都是忙著上班、下班照顧小孩，每天不斷地趕趕趕，這一個月發現自己有機會可以慢下來想一些事情，整理自己的心情，現在是平靜很多的。」

小如不好意思地說著自己的轉變，不知是否不想一直沉浸在這沉重的話題，小如接著調侃自己說：「其實沒有小孩在身邊，好像也沒有那麼糟糕。」同樣身為母親的我，不禁相視而笑，但我們內心知道，轉念也不過就是讓自己好過一點的方式。

小如說：「我其實已經做好最壞的打算，因為依先生執著的個性，這場訴訟可能要打很久，不過，大不了就是訴訟最後可能失去兩個孩子的監護權。但在結果確定前，自己一定會努力爭取，至少能爭取到一個也好，就算沒有爭取到，我也會持續地為兩個孩子祈禱。」雖然小如的語氣帶著一種堅定，但眼中卻也濕潤了起來。

小如在我和律師的陪同下進行調解，當天是由法官親自調解，雖然大部分的時間小如和先生是分開向法官陳述，而法官也一度提出建議：「媽媽，你要不要思考一下兩個孩子你們共同監護，但是由爸爸主要照顧。老實說，我剛剛也跟爸爸談過，也告誡爸爸他不應該利用法院和你的善意，違反約定把孩子抱走，但爸爸態度是很強硬的，未來你們在法院纏訟的機率相當高，其實對你們都不好，你要不要再好好想一下，我可以再安排調解。當然，如果你不同意，我看應該也是無法調解下去，那我就會終止調解程序。」

小如雖然一度猶豫了一下，也用眼睛示意地看了我和律師，但一會兒，小如還是向法官表達希望爭取到底的想法，調解終究是破局了。因爸爸曾經利用法院安排會面強行帶走小孩，法官決定把小女兒的暫時監護權直接判給小如。

很快地，小如就收到法院暫時處分的裁定，將菲菲的暫時監護權給了小如，但對小如來說並沒有太多的喜悅，因為先生不願意自行把菲菲交還給小如，而是持續以提出抗告等法律程序來試圖拖延，雖然抗告程序並不影響執行裁定的效力，但接下來小如還是必須忍受訴訟煩冗程序的煎熬。

合作父母小叮嚀

在實務上，我們常聽到或是處理到探視方基於各種想念或照顧等理由，強行或利用機會在未告知同住方之下帶走小孩（尤其是幼兒）時，通常這種比較激烈的方式一旦被證實，在訴訟上都是非常不利的，所以請父母們如果有這個念頭一定要三思啊。

不僅可能會因此輸了正在進行的訴訟外，也可能觸犯所謂略誘罪。簡單說，就是惡意用不正當的手段，讓未成年子女脫離另一方有監護權人之關係。同時更可能因此傷害了孩子，讓孩子的心中留下看不見的傷痕。

雨過天青，露出些許曙光

就這樣一轉眼，老二菲菲也離開小如的身邊將近四個月，就在固定的一次電話追蹤中，小如接聽後語氣略帶喜悅地說著，稍早剛完成強制執行（就是當案件一方當事人未自行履行法院的裁定時，會轉由民事執行處的相關司法人員協助進行強制的履行，比較常聽到是不動產或動產，但在家事案件中，則通常是強制執行跟人有關的部分，例如將未成年子女交付給取得監護權之一方），順利到大姑家把菲菲抱回，小女兒因為在睡夢中看到媽媽，也很自然地就被媽媽抱入懷中。

我追問細節，小如說：「因為法院沒有事先通知他們，後來雖然大姑有趕快聯繫先生，但他似乎也知道趕回來無濟於事，所以算是順利離開。」小如接著用略為高亢的聲音說著：「社工，你知道當天我們有多少人去嗎？出動十五位警察！我自己都嚇了一跳，到了約定時間，我一到夫家，就看到好幾台警車停在門口，再加上法院的人和我們自己，總共將近二十個人去接小孩，警察上前按門鈴，大姑表情有點傻住，但也不敢多說什麼，就進去把小孩抱出來……。」

我不禁閃過這個念頭：「原來家庭的衝突，也可以演變成等同要攻堅重大罪犯的畫面，慶幸的是，小孩並沒有被這番場景驚嚇，也算是一個最好的結局。」

後續的審理法官也考量因小如與先生曾經發生搶奪事件，直接裁定他們之間的會面交往須先至監督會面交往機構進行，小如也就開始另一段固定在會面機構與大女兒會面的歷程。雖然會面的地點較為侷限，只能先在室內的遊戲室中，一次也只有約兩個小時，但小如認為總算可以安全地與大女兒碰面，而且又不用擔心小女兒再被帶走。同時在這樣的過程當中，會面機構的服務社工也都能確保過程順利，而不用擔心再有衝突。

只需要專心地與大女兒會面，經營與修復親子關係，小如滿足地說：「雖然知道訴訟還有漫長的一段路要走，但現在可以固定地看到芮芮，我已經覺得是很大的進展。」

感謝有小如這麼一位沉得住氣的母親，那一次的經驗，讓我可以更沉著地與現在電話那頭、正向我確認是否要立即請警察陪同去將孩子帶回的爸爸，可以有一番冷靜的討論。經過我的說明，語氣焦急的爸爸漸漸恢復鎮定，認同不希望讓孩子經歷強制執行過程而帶來驚恐，同時也清楚孩子的媽媽不會傷害孩子，因此也就同意會考慮循法律途徑或等開學之後，再去學校將孩子接回……。

合作父母小叮嚀

在會面的眾多議題中，最讓社工心驚的就是利用會面機會行搶奪之實，這樣的案例雖屬少數，但確確實實都上演過。很多時候，父母的出發點都是覺得孩子應該由自己照顧會比較好。盼望父母都能建立下列認知：

1. 事實上，孩子需要的絕對是父母共同合作的照顧，而不只是單一方。

2.搶奪的方式迅速而突然改變孩子的生活狀態，容易對孩子造成很大的負面影響，辛苦的孩子已經面臨不少生活變動，他們需要的是有計畫和可預期的親情相處。有機會穩定與父母甚至祖父母、外公外婆互動，不應該再受到更多的傷害。

3.搶奪之後絕對不會是故事的終點，後續要面對的議題只會是更加複雜艱難。法官對這樣的舉動也不會認同的。

面對一些在訴訟中已經被自身情緒或需要所淹沒的父母，我們著實沒有把握不會再有下一次的搶奪案例，但在此由衷盼望，這些處在見或不見的父母，能在當下考慮周詳、保持現實感、做出更有智慧的分辨和選擇。願意開放自己，用善意的眼光看待孩子的另一方父母，需要時，可尋求更多會面交往資源的協助（包括成熟的親友或專業人員），而不要被一時的憤怒或仇恨情緒沖昏了頭。搶奪之後，多半是會後悔的。

第八章

我愛爸爸，也愛媽媽

寫在前面

通常來法院訴訟的父母多是已經積怨許久、仇恨對方，就會希望孩子可以跟自己同一國、選邊站。但是，試想一邊是爸爸、一邊是媽媽，要孩子選邊站是多麼困難的一個選擇！就算真的選邊站了，看似忠誠於另一方，但是面對無法忠誠的另一方，孩子又需要承受多大的痛苦？

在這個案例中，法院希望社工促進媽媽與孩子的會面。但一開始孩子對於媽媽的抗拒與展現出來的身心焦慮，都讓我們猶豫繼續服務是否真的是維護孩子最佳利益？但當我們真實看到孩子在會面過程中對於爸媽不同情緒的「變臉」，我們期許會面服務可以成為孩子短暫的避風港，在每次過程裡，可以不用僅忠誠於爸爸，同時也可以擁有媽媽的愛。

會接觸到小樂，是因為媽媽一直無法跟她見面。媽媽到法院提起監護權改定的訴訟，法官希望能見見小樂了解她的想法，因此請社工陪同小樂出庭。

為了讓小樂在開庭前有心理準備，我嘗試先聯絡爸爸，希望可以在開庭前找一天帶小樂到法院認識社工、環境、程序，做好心理準備。

不願意見母親的小樂

電話那端傳來爸爸斬釘截鐵的語氣：「我覺得不需要，她現在對那個女人很害怕、防備心很重，我覺得先去法院不會有任何效果，而且我也不覺得先去幾個小時可以幫上什麼忙。」

社工謹慎地回答：「法官就是擔心開庭的環境讓小朋友覺得不安，所以請社工陪同開庭，這也是法庭為孩子的服務。我想說可以先見見她，讓她也認識我，開庭時我就能比較知道可以幫什麼忙。至於她暫時不想聊到媽媽，完全沒問題，我們一定會尊重孩子的心情。爸爸可以跟小樂說：『到法院參觀、遊玩、跟社工玩，讓她認識法院的環境，也告訴她當天不會見到媽媽。』」

爸爸說：「我還是覺得不需要，其實唯一會讓小樂有身心反應、會害怕的，都是因為那個女人。去法院不需要先準備。她現在就在旁邊聽我們講電話，還是妳要直接問她？」

我說：「喔，小樂現在在旁邊聽嗎？所以我們對話她都聽得到？」

爸爸說：「對啊！我所有的事情都可以跟她分享，我覺得沒有什麼是她不能知道的，每一次開庭狀況我回來也都有跟她說，就是因為那個女人在開庭時都說謊，所以她才更害怕她。」

我說：「爸爸，我覺得孩子對於大人的衝突也許不用每一件事都知道，既然她就在電話旁，我可以先跟她說說話。」

我說：「小樂，我是社工阿姨，我想在開庭前邀請妳來法院讓我認識妳、妳也認識我，好嗎？開庭那天我也可以陪妳一起進去見法官。」

小樂說：「爸爸說我不需要先去準備、我也不害怕開庭，我只是害怕看到那個人。」

我說：「我知道小樂暫時不想見到媽媽，我知道，就是因為這樣，法官才想先見見妳、聽聽妳的說法，了解妳的心情。妳放心，開庭那一天不會見到媽媽的，社工阿姨會陪妳一起進去，妳說好嗎？」

小樂說：「爸爸說不需要，我很勇敢的，只要不要見到那個人，我只是害怕看到那個人。」

因為爸爸的拒絕，我無法接觸到小樂，但是我想著：這孩子涉入父母衝突好深哪！聽著她用爸爸的眼光看媽媽，像播音員一般，一字不差地轉播著爸爸的話。想像著每一次開庭回來，爸爸都按他的詮釋實況轉播給小樂聽……，孩子心中的媽媽會是怎麼樣的印象啊?!

孩子用「那個人」來稱呼媽媽，彷彿媽媽是佛地魔般不可以出現的名字。這孩子就要上法庭了，她真的不需要陪同嗎？

開庭當天，開到一半時我突然接到法庭的來電，請社工到庭協助安撫小樂的情緒。我迅速趕到法庭現場，看到小樂的第一眼，她彷彿是個無助的小baby，緊抱著爸爸、趴在爸爸肩上不斷啜泣，不斷重複說她不要看媽媽、她怕媽媽。爸爸無奈的說，她開庭到一半就嚇到尿濕褲子，她就是不想見那個女人，真不懂為什麼法院要一直問她對那個女人的印象？為什麼要這樣要求一個孩子！

哭得像小小孩的小樂，那一年，其實已經小學二年級。

開庭後，法官再次轉介了這個家庭，希望有親子會面協調員可以促進媽媽與小樂的會面，在法官堅持要求家庭接受服務之下，我開始有機會了解這個家庭的故事。

媽媽在小樂中班時離家。爸媽離婚後，兩人原本有協議一個月兩次週六，媽媽可以探視小樂一整天，但近兩年都無法成功探視；這是這個家庭故事中，唯一共同的說法。但是為什麼離婚、為什麼從約定可以探視一整天、到現在完全沒有探視，父母雙方卻有著完全不同的版本。

爸爸給的故事版本……

「那個女人因為外遇、從事色情行業被我發現，所以我們才會離婚。

「我跟她還在一起住的時候，那個女人就會罵我跟小樂、拿東西丟我們，甚至還威脅要把小樂丟掉、不要她。

「離婚後，我從沒有阻止那個女人來看小孩，但是她們每次見面過程都很不開心，像是有一次見面一個多小時後，小樂突然打電話給我，要我帶她回家。甚至有一次，那個女人把小樂獨自放在速食店，我去接小樂時，那個女人已經走了。

「所以，我怎麼放心讓小樂跟那個女人獨自相處？我也想去做自己的事，但是像那次小樂臨時要我去接她，我要是離開太遠，小樂怎麼辦？

「每一次會面後，小樂就會問我可不可以不要再跟那個女人見面，甚至很多次要見面的前一天，小樂就會很焦慮，一直跟我說她不要去見那個女人，她討厭那個女人。

「一段時間後，那個女人沒有再來約，小樂當然也沒有提，我們父女倆就平靜地過生活了。怎麼知道最近那個女人又要看小孩，小樂當然不肯，那個女人就提起訴訟，我不知道她在想什麼，孩子不願意我也沒有辦法啊！」

媽媽給的故事版本……

「我前夫的脾氣很不好，婚後很多事情都難以跟他溝通，他常常懷疑我外面有男人，但我實在只是沒辦法忍受家裡每天吵架的氣氛，只好少回家，我能去哪裡？不就是待在工作室、工作賺錢。

「我是做按摩的，就是一般的按摩店，他也有來過我的工作室，硬要誣賴我是做色情行業，我真的不知道他在想什麼。

「離家的時候我經濟不好，只好不帶小樂，自己離開，可是我離家後每次在路上看到像小樂一樣大的小女孩，都會想哭。前一陣子我坐公車，在車窗看到路上一個小女孩好像小樂，穿著相似我以前買給她的洋裝，我的眼淚就無法止住，哭得好慘。

「我以前跟小樂很要好的，小樂從小是我帶大的，她是我的心肝寶貝啊。我煮飯她都會旁邊玩、甚至在廚房玩辦家家酒、假裝煮飯給我吃。我記得小樂最喜歡吃我做的蛋炒飯，我教她一起做，她幼稚園就會了。她幼稚園放學，我還常帶她到附近公園盪鞦韆，她太小還不會盪，我都在後面幫她推，我到現在耳邊都還可以聽到她很開心大聲叫『媽媽，我還要再高一點，再高一點』的聲音。

「離婚後，我跟小樂見面時，我前夫都會在附近不肯離開，就像我們去餐廳吃飯，他就硬也在隔壁桌吃飯，不肯離開，他說『法律有限制我要在哪裡吃飯嗎？』，我雖然可以跟小樂玩得很開心，但他總是會干擾，見面一會兒後，小樂就會吵要找爸爸。

「雖然一開始可以見面，但我前夫多次臨時沒有出現、也不接電話、或說小樂不想見我，拒絕見面。

「我好生氣、也覺得好難過，小樂不願意見我都是因為她爸爸教的。我不懂，只是要看小孩，有這麼難嗎？為什麼我不能帶小樂去遠一點的地方玩？」

在這些故事中，我聽到爸爸總是用「那個女人」稱呼媽媽，彷彿也呼應著孩子都是稱呼「那個人」。父母婚姻中的恩怨情仇，也許本來就沒有一個真實版本，因為每個人都用自己的角度在看事情。但是媽媽描述與小樂的互動那麼真實、思念那麼濃厚，我想不論如何應該要讓她們母女親情可以持續下去，畢竟世界上只有一個人是她的母親。

第二次見小樂，是在我們的遊戲室，她跟上一次開庭時情緒低落完全不同，看起來很活潑、開朗。我請爸爸先離開，她單獨跟我留在遊戲室，她雖然小有遲疑，但是我用玩具吸引她後，她也就開心地留下。玩了一會兒後，我開始跟她聊生活，她嘰哩呱啦地描述著他跟爸爸週末去宜蘭玩，好好玩，爸爸帶她去吃超好吃的冰淇淋……，看得出來她真心喜歡爸爸、爸爸是她的英雄、是她的天。

但當我請她聊聊媽媽，她突然變了一個人似的，露出厭惡的表情。

小樂說：「我不想見那個人為什麼不行？那個人做色情行業、以前對我跟爸爸都做過很不好的事，還罵爸爸，我討厭她。」「我很怕她會打我，而且我也怕她跟我見面，會把我帶走，不讓我回家，我就再也見不到爸爸了。」

看著小樂對媽媽的描述，我有一種錯覺，彷彿爸爸上身或出現眼前，兩個人講著相同的話，影像重疊、話語複製。小樂的恐懼和厭惡，到底是她真實擁有、還是爸爸傳給她的？

第三次見到小樂，再次與小樂討論見媽媽的事，她比上次更激烈地搖著頭、紅了眼眶，問她原因，她只重複著說「那個人很壞、我害怕那個人」。

我內心開始動搖與猶豫：停止繼續逼這個孩子？還是要試試看，她到底能不能與媽媽相處？如果錯過法官強制要求會面的這個機會，時間拖得越久，會不會今後見面就更難？

法官給了我一個大難題，我還要繼續執行嗎？

我決定換一個方式跟小樂討論。我跟她說：「因為媽媽很想見妳，而且法官也要求妳必須要見媽媽，如果就在遊戲室，媽媽不要靠近妳，只要遠遠看到妳、我會一直陪著妳，可以試試看嗎？我保證媽媽一定不會帶走妳。」她猶豫了一下，搖頭緩慢了下來，看了看門口，似乎想取得爸爸的同意。我讓她出去問爸爸，爸爸說：「可以啊！我不是都跟妳說我沒有意見，妳自己決定就好。」

小樂彷彿得到爸爸同意的力量，跟我點點頭，但她仍然補上一句：「我不要很久，我只要一下下、一下下就好。」

第一次會面

會面那一天，小樂又回到第一次我見到她的模樣，緊抱著爸爸不放地哭著，我聽到爸爸重複對她說「不要怕，妳等等跟那個女人見面，不要怕，爸爸會在附近不會離開，不要怕，那個女人不會傷害妳，爸爸會保護妳……」。我堅決請爸爸先離開，而小樂在爸爸離開後不到幾分鐘，就平靜下來開始玩起玩具。

我邀請媽媽進來在旁，出乎意料的，小樂沒有特別生氣或害怕的情緒，只是忽略。一會兒，我邀請小樂一起玩桌遊，因為需要三個人一起玩，我順勢問小樂可以讓媽媽加入？她沒有同意也沒有拒絕。媽媽就這樣進入了這次的會面、一起玩了起來。

玩的過程中，小樂笑得很開心、還跟媽媽打鬧了一下，媽媽順勢輕摸了摸小樂的頭髮，說她頭髮好細、好軟，小樂沒有抗拒，開始跟媽媽聊說某某某也說她頭髮很好摸、但某某某很討厭會拉她的頭髮……就像一對親暱的母女。

二個小時會面很快結束，媽媽抱緊小樂道別，小樂又回到還沒有見面的模式，身體僵硬，面無表情。會面結束，我帶著小樂回爸爸身邊途中，小樂突然小聲地問我：「我還是不想跟那個人見面，你可以不要跟爸爸說，我剛剛在裡面有跟她玩嗎？」看到爸爸時，小樂立即彷彿要宣示忠誠般，跟爸爸說「我都沒有叫那個人，不好玩，我下次可以不要來嗎？」爸爸回應：「我知道，妳好可憐。沒關係，反正那個女人也不是真心、不會持久的，我們再配合一下法院，就會看到她的真面目。」

我心疼著這孩子需要戴著不同面具在父母之間穿梭。誰說孩子不懂？她多麼明白父母之間的仇恨，她在用她會的方式同時照顧大人雙方。啊，八歲的孩子呀！

夾在仇恨中間的小樂

第二次會面，小樂一樣在會面前哭鬧、爸爸一樣安撫她不要害怕、到了遊戲室小樂見到媽媽一樣又可以跟媽媽玩在一起。那天是媽媽生日前夕，媽媽準備一個生日蛋糕請小樂跟她一起慶生、一起吹蠟燭、吃蛋糕。

媽媽說：「小樂，我記得妳喜歡吃很多奶油跟草莓的蛋糕對不對，媽媽買了一個超多奶油跟草莓的蛋糕，好不好吃？」小樂滿嘴奶油地點頭如搗蒜，看似滿心歡喜與滿足。慶生後，媽媽拿出手機跟小樂自拍，兩個人玩得不亦樂乎。雖然已經事前跟媽媽交代過，但是可能是過程太順利了，媽媽最後還是忍不住問：「小樂，下次媽媽帶妳回我家玩好不好？」像是碰觸了什麼機關，小樂突然彈開、生氣地說她要走了……。

接續幾次協助會面，每一次會面前後小樂都展現出被迫會面的樣子，但是會面中又可以跟媽媽玩得很開心，有時嬉鬧、有時擁抱，很親暱。

訴訟未定也是一個變數，父母關係會時而緩和、時而衝突。特別是在每一次開庭後，父母關係會因為訴訟提出證據而變得更緊張，連帶的會面就會變得更不順利。有一次會面在開庭後二天，爸爸一來就生氣地說：「那個女人太過分，在法庭裡都是說謊，說我以前常罵她，還要她媽媽作證，明明是她自己脾氣不好，小樂可以作證。而且她明明就有錢卻不願意多付一點扶養費，養小孩要花很多錢，她不知道嗎？」

聽到爸爸又氣憤地說這一切，我就知道那天開庭一定彼此都不好過，爸爸可能把不滿的情緒都跟小樂說了。果然那天會面小樂有點猶豫，甚至在會面最後，小樂問媽媽：「爸爸說妳都不付扶養費，為什麼？媽媽，妳不愛我嗎？」「媽媽，我要跟爸爸住，妳不要爭取我的監護權好不好，我不要跟妳住。」媽媽想解釋，但似乎又知道解釋也沒有用……

社工處遇中的反思

服務過程中，社工透過會談、親職教育課程、心理諮商等服務，嘗試幫助父母理解孩子會有忠誠議題，導致他必須在會面過程中情緒不斷地轉換。爸爸必須理解孩子可能會為了對爸爸展現忠誠，只好說爸爸想聽的話、演出爸爸想看的戲碼，媽媽也必須理解，孩子的主要照顧者是爸爸，孩子難免不受爸爸影響，媽媽不要放棄會面，即使會面過程可能不如原本預期。
許多案例中，只要父母願意努力，孩子就有機會在父母之間越來越自在，會面就會越來越順利。

訴訟最後，爸爸還是擁有了小樂的監護權，法院也裁定了會面交往的方式。除了每個月有二個週末可以一整天會面外，等小樂四年級時，媽媽可以帶小樂回家過夜。爸爸因為認為他們可以自行會面而要求社工結束服務。在服務的最後，我問小樂「平時會想媽媽嗎？」她沉默沒有回答，我拿出圖卡讓她選擇，她猶豫了一會兒，選了一張有著哭哭臉寫「矛盾」的圖卡，我想這真的是這一年多來我服務她看到她的心情掙扎，孩子選的真符合她的心境。

我彷彿看到小樂的內心在訴說：「我是想見媽媽的，但是我知道爸爸不喜歡，所以我不知道我要不要見。如果有一天爸爸可以真的允許我看媽媽、不要生氣，我才會真正開心地去見媽媽。」

最後，我擁抱了小樂，告訴小樂：「阿姨這段時間看到妳的勇敢，妳越來越可以表達自己的想法。」「很多像妳這樣在父母吵架中的小孩，可能都會有矛盾的心情。我知道妳有時候會很想跟媽媽見面，但是妳擔心爸爸會因為妳喜歡媽媽而傷心，所以有時候妳又會覺得不要見媽媽好了。」「妳可以繼續擁有矛盾心情，因為這是很正常的。妳越來越大，如果妳有自己的想法，也可以跟爸爸或媽媽說出來，雖然那需要更多的勇氣，但沒關係，慢慢來，因為這真的不容易。」

這些年，在服務時我常常想起小樂的臉，四年級的她過得還好嗎？有去媽媽家過夜了嗎？她有更多勇氣表達自己真實的想法了嗎？還是繼續夾在父母仇恨中間，轉換著不同面具與父母相處……

一年後，算算時間小樂應該快五年級了，我收到媽媽的來信，她說近一年她生病了，得了癌症，已經是末期了！她跟小樂雖然沒有很穩定見面、也因為小樂拒絕，還沒辦法過夜，但是至少還是可以見面，在她生命的最後，她已經不強求什麼了。雖然她真的很想跟小樂一起去旅行，母女可以一起躺在床上親密抱著聊天……。她很開心那一年，在我們遊戲室跟小樂一起慶生，那個畫面讓她好開心、好滿足。幾個月後，我收到媽媽親人的簡訊，告訴我媽媽過世了……。

我不知道小樂怎麼面對媽媽的離開，又或著對她來說是解脫了？她不用再演戲、不用再矛盾了！但我回想這一個服務的開始，我感謝當時堅持會面的決定，因為我相信這些與媽媽一起的畫面，會一直留在小樂心中直到長大，她知道自己有一個深愛她的媽媽，記得曾經有過一些午後跟媽媽開心相聚，還有那些開心的照片。

合作父母小叮嚀

服務許多高衝突家庭時，最常面臨孩子有忠誠議題。有的孩子如同小樂，極盡忠誠於一方，但也有的孩子呈現雙面忠誠。曾有另一對父母，爸爸告訴我孩子在他家時，說不想去媽媽家、媽媽都不陪他，所以他要「幫助」孩子重新訴訟不要去媽媽家。但是在另一時間，媽媽告訴我們的另一位社工：孩子根本不想回爸爸家，爸爸對他不好，使得媽媽不忍將孩子送回爸爸家。這兩種截然不同的說詞，竟然出自同一孩子之口。

當這些父或母告訴我，孩子在他們面前說討厭對方、不想會面時，我都會請他們聽聽小樂這種夾在父母中間的矛盾心聲。我當然無法確定孩子的抗拒會面一定是忠誠兩難的問題，但我會請父母回想一下：自己有沒有在孩子面前批評對方、會不會讓孩子覺得不要見最好，自己對對方的仇恨會不會在無形中影響了孩子？

如果父母能體會孩子夾在父母中，必須不斷變換面具的辛苦，請容許孩子能夠思念另一方、告訴孩子「雖然我跟爸爸／媽媽不能在一起，但是我們都愛你，你可以想念爸爸／媽媽、你可以愛他／她，我不會生氣，因為我愛你，我希望你快樂」。當父母願意不斷向孩子保證，或許孩子就有機會說出：「我愛爸爸，也愛媽媽！」

另外，建議當父母提到另一方時，一定要謹慎使用語言、語調與肢體，如果你都用「那個爛人」來稱呼對方，或者談到對方時充滿不屑，孩子觀察到你對另一方的不尊重甚至厭惡，進而為了忠誠於你而認為「應該」顯示出討厭對方。或許當孩子展現出站在你這邊時，你會感到自己被支持與撫慰，有這種感覺是正常的，但是你要思考讓孩子夾在中間、必須選邊站，這樣到底是幫助孩子、還是會傷害孩子？

如果想把孩子的利益放在最重要的位置，就請不要把他們捲入父母紛爭中，不要對另一方惡言相向，尊重孩子的親情需求。

第九章

其實，我也是有爸爸的！

寫在前面

謹以此文，獻所有家事服務中心曾經陪伴過的大人與小孩。

在這裡，讓我們有機會走到更多人的生命中，參與了許多人重大關係的結束或重新組合，也參與了許多人的喜悅或悲傷歷程，因此有了連結與共鳴。親情總是法院工作的難題，太多難以表達的情感，沒有規則，沒有對錯，沒有所謂的人生指南。

心心，十二歲，她來法院找社工；只有她，沒有媽媽。她說：「不確定社工阿姨還在不在法院工作、是不是還在當社工？來找你們沒有什麼事，只是謝謝當初你們的不放棄……。」我們話家常地聊起哪些功課讓她開心，現在流行什麼藝人，哪些男生好討人厭，心心說：「這些話，有一天也會親口跟爸爸說。」兩歲的心心、七歲的心心、十二歲的心心，獲得生命中的滋養，深深相信爸爸、媽媽一定會幫助她的，她說這是最珍貴的禮物。

小的時候，大部分都是因為我好奇，媽媽跟我說的童年故事。

二〇〇八年十二月六日

我出生了，媽媽說我在美國出生的。

二〇〇九年一月十五日

我第一次坐飛機回台灣，媽媽跟我說的，但我沒什麼印象。

二〇〇九年六月一日

我搬回外婆家住，媽媽說我本來是要住在奶奶家的，可是發生了一些事情。

二〇一〇年八月十五日

我和爸爸見了面，我沒有什麼印象，但我房間有一張我與爸爸合照的相片，上面寫的是這一天的日期。爸爸很瘦，我很小。八月二十九日這天也有張照片，照片上有三個人，有我和爸爸，另一個可能是奶奶？不是媽媽。

二〇一〇年十月十七日

我和爸爸在河濱公園玩沙子，也有照片。

二〇一〇年十二月六日

我三歲生日，媽媽有幫我買蛋糕，有舅舅、外婆、還有外公。

二〇一一年十二月三日
我去日本玩，買了很多糖果和餅乾，還有去迪士尼當小美人魚。
二〇一三年三月十六日
我開始去安親班上學，有好多小朋友，但我有點怕，想媽媽陪我。
二〇一三年十月十日
媽媽帶我去百貨公司，她說要拍全家福，我們等了好久，但是最後什麼也沒有，只有吃了一支冰淇淋。
二〇一五年六月十四日
我要上小學了，媽媽說九月上學，爸爸要上班，但他很開心我長大。其實我也是有爸爸的，只是他很忙。

二〇一五年，一個午後，在一個樓上的辦公室。
「心心！好久不見了，你長大了好多唷。」阿姨看到我大叫著。
「對啊，她今年要上小學了喔，古靈精怪還會跟我頂嘴。」我看著媽媽和阿姨講話，我不認識這個阿姨，但又好像見過她，不過沒關係，不想說話的時候，安靜就好了，大人就不會再問我了。或者媽媽會替我回答。

「要上小學啦？時間過得好快！最近一切都好嗎？」

「喔，只是因為來附近買日常用品，想說很久沒有讓心心來這兒了，就上來一下。」

阿姨拿了玩具給我玩，她怎麼知道我喜歡公主，應該是媽媽跟她說的吧。媽媽跟阿姨聊天沒有很久，阿姨說怕我會無聊，跟媽媽說了再見，把我和媽媽送到電梯，之後又陪我們走出了一個玻璃大門，是電動的，我真的覺得我好像來過這裡。

「心心！Give me five，掰掰，希望再看到你。」我也很自然跟阿姨拍掌。

「阿姨再見。」

今天的媽媽很不一樣，回家之後，媽媽沒有陪我看電視，不知道她去哪了，是阿嬤幫我洗澡。我突然瞥到櫃子上那張我兩歲時跟爸爸的合照片，咦！背景不就是今天阿姨的辦公室嗎？難怪我就覺得很熟悉。

爸爸在哪裡上班？爸爸怎麼沒有來看我？照片是阿姨拍的嗎？希望爸爸可以快點回家來，我好想讓同學知道我也是有爸爸的！

有一段過往一直在我心中疑惑著，彷彿在記憶中追索失落的拼圖，終於二歲的我與五年後七歲的我相遇。

社工要與心心見面前，必須先分別與心爸、心媽談話。他們理性述說著婚姻、育兒與探視的種種，談話過程中很難不嗅到憤怒情緒與報復味道；看起來，有生之年，他們若再狹路相逢，很難倖免於受傷，不如現在背水一戰。托爾斯泰說過：「幸福家庭的樣子都很像，但辛苦的家庭卻各自有著不同的困難面貌」。

「從心心兩歲說起吧！心心會走路但不喜歡走路，比起走路，她更喜歡人抱，抱高高，和大人一樣的視線，還要跟我臉貼著臉。」這是在還沒有看過心心時，透過媽媽給我的資料。

「社工！孩子都被媽媽污染了，媽媽阻撓探視，根本不是善意父母！」爸爸卻憤憤然說著想要探視的心急。

「她是我的孩子啊，一出生就被媽媽帶走了，這真的很不公平。」

「看孩子有這麼難嗎，孩子也是需要爸爸的。」

「爸爸說他遵守著法院的暫時處分，卻惱怒著為什麼媽媽不願讓他與孩子見面、過夜。她似乎徹底排斥和否定父女親情這件事，這對他和女兒都是精神暴力。」

「法院無法作為，讓惡人囂張、逍遙，踐踏了我為人父親的權力。」

心爸從遞離婚訴狀已經四個月了！「法院調解安排，也不積極處理離婚也不快點協助他探視女兒，他想女兒，也擔心自己會不會是一個不及格的父親，女兒會不會覺得自己放棄了她」「女兒也需要父親啊」「會不會在我沒有看到她的時候，她就瞬間長大了。」心爸擔心地問著。

爸爸是原告，訴請離婚爭取子女探視，他在法庭抱怨心媽對他精神暴力與控制，一切生活規劃都要遵照心媽的要求進行，最誇張的說法是，連上廁所都要限制使用時間。現在，不讓他探視女兒，「我都沒有要爭監護權了，為何連探視的權利都不肯給我？」

媽媽怎麼說呢？

「社工！妳會像法官一樣嗎？強迫讓孩子到對方家過夜，恍神著回來家裡，然後一切都不要、不要、不要地放聲尖叫，你們到底把孩子的利益放在哪裡？」

「法院總是逼我做我不想做的事，你們說我洗腦孩子，孩子就是說不要，我有什麼辦法？不然我要逼她嗎？我不想當一個只會逼迫自己孩子的母親。」

「他要看小孩可以，那他要先付錢，他即使付錢，我也需要考慮孩子的感受，才能去安排會面。」

媽媽委屈地訴說法院對她的無情與曲解，憂心孩子探視返家後與過去天真無邪的樣子大不相同，總之媽媽認為跟爸爸見面，是會使孩子更加排斥兩週一次的會面，媽媽似乎要求社工承擔後果！心媽似乎把社工當成法官的人，極力防禦我。我聯想到古代過年時純樸村民要將壞年獸趕走而敲鑼打鼓、煙火齊放的火光場面。

心媽困惑著會面對孩子的必要性，似乎認為：父親這個名詞跟叔叔一樣，對孩子不重要。

就是這句「不重要」，讓心媽一直遭受質疑與挑戰。倘若順著她的這個「不重要」的邏輯走，官司中所有需要調整的人，就都可以因此搬板凳休息了。檢視了心媽這個邏輯的原委，再放大心媽的言行舉止，使得她的處境一度緊繃，對她不利。「她不給我看孩子，就是不友善父母」有如金箍咒般，緊緊勒住心媽，還有與心媽類似狀況的千千萬萬的主要照顧者。

心媽的「父親不重要」，讓周邊的人皺眉頭、也很容易引發很多質疑。爸爸真的不重要？給付扶養費又是怎樣一個和解條件呢？心心的爸媽到底有怎樣的心思、能力和限制？孩子的需求又如何呢？

在一般的情況下，讓孩子同時擁有爸爸和媽媽是普遍的價值觀，很少人會反對，但是只要進入訴訟場域，人們往往容易緊張、焦慮與防衛而顯得非理性，甚至會說出日後自己回想都覺得好笑的話，例如：

「我還沒準備好，可以請孩子等我嗎？」可是孩子才二歲而已。

「是孩子討厭對方，跟我無關」，但孩子沒與對方接觸過。

「孩子到他那邊就會變壞」，實際上，孩子一個月才與對方見面四小時。

這就是監護權鬥爭中常見的場景。只要不斷激化對方，我方的缺點就可以逃避或掩飾，比起善意溝通，罵人和責備真是一個簡便又容易的方法。這段關係的成分有太多風險與意想不到的糾葛，對他們而言，誠實地對話是困難且疲勞的。

爸爸與媽媽是戀愛結婚的，心心也是預期下出生的孩子，但是心心一出世沒有幾天，祖父就忽然過世，爸爸與爸爸家人認為：心心是掃把星投胎才造成祖父驟然死亡。媽媽當然抗議這說法太迷信，他們發生激烈爭吵，爸爸一氣之下把媽媽的物品全部打包寄回娘家，要媽媽、心心也回娘家去，爸爸不再接聽媽媽的電話，而且拒絕給付心心的扶養費；但爸爸保留著一間房間，那是要給心心住的，只是當時媽媽並不知道。

媽媽與心心被迫回到娘家，心媽說：「我還算幸運，有多少因重男輕女而成為無家可歸的女人？但既使我有家可回，也逃不過左鄰右舍的關心與指點；那陣子想死的念頭沒有停過。」

心媽奮力地扶養心心，常常陷入憂傷情緒，靠著娘家人的支持、給予、體諒，走到了心心快兩歲的時候，心爸提出離婚訴訟。

「什麼是心碎，有聲音嗎？」心媽問我。

法庭的離婚調解中，調解委員發現爸爸媽媽之間有心心，爸爸抱怨媽媽把心心帶走，以至於見不到面，要求媽媽配合，讓心心與爸爸見面，進而轉介給社工展開親子會面服務。

從激烈的開始到試圖找出可能的冷靜，親子會面協調員要做的就是與爸爸媽媽及孩子「同在」。說得明白一些：想方設法幫助雙方協調，藉著結構化會面歷程（準備、安排、約定），確保孩子的身心安全，在親職促進與親職衝突中緩緩前進，期望親子有機會連結，父母有機會學習。

過程中常常也要處理偶發事件，諸如：孩子突然想大便、會面當天爸爸突然來電說：自己跌斷了腳、或是孩子遊戲時撞傷了門牙。

能進入會面的關鍵原因是：爸媽在這壓力狀態下，都展現出為人父母的能力、想要去照顧心心。我們發現了「被傾聽的述說」會讓爸爸媽媽得到滿足，那也是一種信任社工的過程，爸爸媽媽拋出疑惑，我們才能解套與討論。漸漸地，社工從壞年獸變成了卡比獸，可愛多了。

社工處遇中的反思

如果爸爸和媽媽都能冷靜下來，彼此合作、互相成為資源，甚至省下律師費讓孩子使用，那該多好？開庭時間換成陪伴孩子吃飯的親情課表，讓孩子獲得更妥善的照顧，這是一種選擇！若雙方仍不願意配合，孩子只會失去更多資源，孩子被迫參與彼此的磨擦與衝突，無形中增加孩子的心理負擔。夫妻畢業了，但父母願意重考：讓孩子回到原本就應該擁有的最佳狀況。

每個小孩都渴望同時擁有父母的愛，只是當心心認識這個世界時，被迫接受這個人生願望可能無法實現。親愛的心爸、心媽，用資源的概念來幫助我們的孩子，心心的人生或許可以更美好。

爸爸怎麼做？

親子會面協調員的介入，會與三方個別工作，又可細分「法院會面」及「社區會面」等許多階段，字意簡單實施卻不容易，爸爸、媽媽帶著自己的傷來到會面現場，需要我們照顧，但我們更關注孩子是怎麼想的。我們蒐集媽媽怎麼告訴心心有關爸爸的事，媽媽常對心心說些什麼：

「爸爸工作很忙，所以睡公司，有時要坐飛機，所以沒有辦法看心心」，實際上，媽媽也不安著這樣的謊言能持續多久。對心心而言，她沒有看過實體的爸比，有的只是2D畫面、有關爸比的照片。

會面初始，心心在媽媽的陪伴下來到遊戲室，有點怕生，我們先讓媽媽一起遊戲，心心睜著大大的眼看著大人間拿著玩具聊天，等了一會兒她開始在媽媽周邊探索，親子會面協調員跟著她的步調一起玩遊戲，也高八度地反應、描述心心在做什麼，像是：「心心在玩布偶啊」「喔～～布偶在心心的手上耶」，亦步亦趨跟著心心、照顧心心，慢慢地心心用著沙啞的聲音說：「最喜歡玩公主，家裡有很多公主。」童言童語的關係建立了，心心開心時說話很大聲，媽媽也在我們的暗號下跟心心say goodbye，「媽媽等等再來接妳唷」。

心心躲在小帳棚裡，我們一起玩煮湯和煮雞蛋的遊戲，也會玩切水果、喝牛奶的遊戲，心心似乎會想照顧我，為我準備食物。心心持續和親子會面協調員玩玩具，我們告訴她，之後爸爸也會來這與她見面，心心又是一雙大眼睛眨呀眨，好奇地說著：「爸爸不是要上班嗎，我希望媽媽陪我，不過阿姨陪我也可以。」心心不是一個快熟的孩子，加上過去都是媽媽和外婆照顧她，對於不同性別的角色侷限，她知道她有一個「工作很忙碌」的爸比，跟鄰居、同學不一樣的是，爸比從來沒有來看過她。

幾次之後，心心、親子會面協調員已經準備好，照會爸爸在預約好的時間，準時進入遊戲室。首次出現時，爸爸一直或蹲或坐在某一距離之外看著心心，猶如老師巡視學生，心心緊張地背對爸爸，不知道該怎麼辦，爸爸也不知道要跟心心說什麼，會面成為心心與社工的遊戲時間，爸爸穿著白襯衫與西裝褲顯得格格不入，坐蹲都不自在。社工不斷提醒爸爸主動且緩慢靠近心心，模仿心心遊戲，回應心心需要，爸爸才進入心心的遊戲中。

心心每次的會面需要或多或少的時間安撫，從一開始的三十分鐘，累積每一次會面的安全感，心心越來越熟悉這個模式，安撫時間逐次縮短，有時十五分鐘、有時五分鐘，心心的小腦袋瓜就是需要一些時間的安撫和照顧、等待，讓她自然地離開主要照顧者身邊、往探視方前進。

每次會面結束時，心心會開始要求「爸比下一次還要一起玩」，兩週一次的會面到了，心心依然有著這個模式，需要暖場的時間越縮越短，可以和爸爸遊戲的時間越發變長。

「爸爸，這個給你吃」「爸爸還要喝湯嗎？」心心在遊戲中跟爸爸互動，建立關係。「心心，這是爸爸為妳準備的裙子，下次要穿給爸爸看喔」，有一天爸爸帶來新衣服。也就是那一天，幫心心與心爸照了像，那也是第一張的父女合照。爸爸的愛，彷彿讓心心牽著他的手就能去探索全世界，這些珍貴的下午，帶來的滿足高興，可以存留一生一世。

進行四次以上法院會面室的親子會面後，以漸進式進行的最小變化原則：每一次會面安排改變某一因子，從法院會面室，到法院外的小公園、超市賣場、寵物咖啡廳等，之後進展到心心日常生活的社區，到河濱公園玩滑梯和沙子，我們也鼓勵著爸爸與媽媽要練習自主相互交付這件事，也提醒爸爸穿些寬鬆舒適的衣服，心心開始看見爸爸與媽媽同時出現在她的眼前，似乎是神奇又好特別的經驗。

嘎然而止的會面！

嘎然而止的那天，是去河濱公園遊戲的第二次，心心從媽媽的身邊晃啊晃，晃去爸爸那，又晃啊晃，晃回媽媽身邊。這是心心每次需要的儀式與步驟，爸爸、媽媽也會慢慢將距離越拉越遠。

當心心依附著爸爸穿著西裝褲的大腿時，爸爸會帶著心心到旁邊玩沙，其中一位親子會面協調員陪媽媽走向他處，另一位在不遠處觀察爸爸與心心遊戲，那天風和日麗，有太陽但不熱，陽光搭配著綠葉灑在心心與爸爸的背上，親子會面協調員將這幕拍了下來，要送給心心他們當禮物。

突然，爸爸滿身是汗走向親子會面協調員，心心還在原地玩沙，親子會面協調員也往前探問，爸爸劈頭就說：「太慢了，我要上班了，我真的好忙，雖然這個時間是我挑的，見面頻率也是我定的，但速度實在太慢了，我還是請法院判好了，我要等孩子等到什麼時候？真的好累，讓我媽顧就好了，為什麼要這樣，孩子給我媽顧就不用這麼多練習了，我不是不愛心心，只是我不知道要這麼久、這麼慢。」心心在玩沙的地方看著大人談話，她站了起來要走過來，爸爸卻向她拋了一句：「心心，爸爸要去上班了，掰掰。」

心心愣了一下，笑著說著「掰掰」。

會面服務因一方的拒絕而中止！我們回報了法官，法官說爸爸也把離婚起訴撤回了，繼續維持分居，那之後的會面呢？

心爸沒有再接我們的電話，寫了一封mail：「社工，工作剛起步，家裡的事業是目前我的重心，之後我會每月固定匯錢到心媽的帳戶。」

心媽呢？心媽沒有怪心爸，也答應社工再帶心心到辦公室。

心媽說：「婚姻裡不談愧疚」「我們只是開始對彼此誠實罷了」。

卡比獸需要跟心心獨處，心心說：「我有和爸爸一起吃飯喝湯、一起玩公主、一起牽手散步、一起玩沙，我也是有爸爸的。」「阿姨，希望爸爸工作不要太累，可以來陪我玩。」社工語塞。

大人之間的角力，孩子都看在眼裡，孩子的感受遠比大人理解的還要複雜，對爸爸、媽媽及心心而言，這是什麼樣的過程，什麼樣的學習，什麼樣的體驗，能否帶著這經驗面對未來的無數事件的紛擾？

心心深深相信爸爸媽媽一定會幫助她的，這隱性的核心記憶，如同大腦的引擎，主導著我們何去何從，每個人的童年回憶，對一生的人格養成有非常重要的影響，只是這一次親子會面協調員還沒累，孩子的狀態還在起起伏伏、累積著照顧者離開不是消失的「恆存」概念、還在安頓自己內心的小小劇場、還在東張西望時，爸爸就先喊停了，而心心也提前練習承接對家人的失望。她才二歲而已！

如果心心的爸爸知道心心常常唸著「我也是有爸爸的」，是否願意再堅持一下下？孩子還不懂得將每一刻的感覺好好說清楚，還有很多情緒卡在她的肚子裡或腦袋瓜，心爸，可不可以再等等她？她努力理解自己有兩個家的同時，是否也能感受到爸爸媽媽正在為了她，盡力找尋解決問題的方法？

心爸，你願不願意再試一次？

社工處遇中的反思

媽媽的憂鬱真是憂鬱症？還是一個女性累積的無助？付錢又是怎樣的一個和解條件？金錢可以換取探望孩子？這是等於條件化，還是媽媽無助和有限思考中的簡單出路？社工需要放下批判與論斷，理解婦女的困窘，陪伴支持前行。

對父母雙方的同理，聆聽與了解總能帶來當事人的放鬆，也讓社工從年獸變成卡比獸，更有工作的空間。

心心的爸爸自然有他的心路歷程，身為男性，帶著家族的期許與事業的壓力。心爸到底有怎樣的心思、能力和限制？對心心這個女兒，在心中和時間表上的安置也盡力了。如果他做了決定，又是在合法範圍，社工只能接納，為的是下次的合作。

心媽曾有的「父親不重要」這樣的言辭和態度，曾讓周邊的人皺眉頭也引發很多質疑。爸爸真的重不重要？這是孩子自己要用一生來界定的。小小的心心從兩歲到七歲，至少父親的影子不是空白——簡單的記憶和永恆的留影。

孩子一定是需要爸爸和媽媽的，這是天性和人性，父母離婚後孩子主觀經驗中的父母是如何？他如何將片段的記憶加以整理並在日後述說？那是每一個孩子的權力和終其一生的功課。卡比獸適時出手參與，永遠不後悔給小孩子的記憶中加添一個跟父親共度的溫馨午後，合照相框中一幅父女合影的畫面。聽到心心說「我也是有爸爸的」，社工自然會心一笑。

第十章

原來我爸爸不是壞蛋！

寫在前面

小豪是我們服務了快二年的個案。在我們覺得會面進展都還算順利時，小豪竟然提出了「爸爸需要道歉」的要求。小豪確實是丟出了一顆震撼彈！處理的過程算是順利，爸爸也能柔軟下來；不過，小豪的這一問，也讓我們團隊反思一件事：「若過去的恩怨沒處理，勉強維繫關係是有幫助的嗎？孩子心裡的感受又是什麼？」

慶幸小豪的爸爸能站在小豪的立場想，向小豪道歉，同時也是做了示範，讓小豪能有全新且屬於自己的眼光來看爸爸。

常聽人家說「時間久了就過去了」，但我們不完全認同，尤其是當父母無意間給孩子一個評價，或做出一個讓孩子感到畏懼的行為時，往往不會因為時間久了就沒事，反而會有個疙瘩或結在那裡，此時彼此若能有個開放的態度，嘗試回到那個原點聽對方的感受，只有接納和道歉，不再給予任何的評論，或許關係也可以不再一樣。

小豪五年級了，他的媽媽在十八歲時就和爸爸在一起，爸爸年長媽媽六歲，有好幾年的時間，小豪的爸爸都在外地工作、常常不在家，小豪差不多是媽媽帶大的，因此和媽媽的感情很好。

第一次接觸

在第一次法院會面前，小豪在媽媽的陪同下來到了法院，進行法院會面前的準備。當天，小豪看到親子會面協調員，有些害羞地躲在媽媽後面，媽媽提醒著小豪打招呼，小豪扭捏的問候「叔叔好、阿姨好」。我們簡單問候後就引導媽媽和小豪進會談室。

親子會面協調員和媽媽、小豪說明法院會面服務的進行方式後，徵得媽媽的同意，單獨和小豪談。親子會面協調員關心他的功課、喜歡的遊戲，稍微閒聊後就開始進入會面前的準備。小豪比親子會面協調員想像的還健談、成熟，他一直問「真的一定要見面嗎？我不想」。

親子會面協調員告訴小豪：「嗯，這是一項法官派給我們的任務，就像老師也會出功課一樣，所以我們要一起想辦法，討論看看怎麼來完成它。」小豪稍微挪動一下椅子，勉為其難的答應。親子會面協調員開始進入主題，了解小豪對爸爸還有哪些記憶。

小豪說：「我爸很討人厭。」

「怎麼說呢？能不能舉一些例子？」小豪接著說了讓人心疼的故事。

「記得在我四、五歲時，有一天爸爸、媽媽吵架了，爸爸那時候硬把我推進房間關起來，我聽見門外有打人、媽媽大叫的聲音，我真的覺得好可怕，但門又被鎖起來，我出不去。從那時候開始，我很不喜歡爸爸回家，只要聽媽媽說，爸爸今天不會回來，我就鬆了一口氣。

「還有，我六歲的時開始學英文，老師幫我取名字叫Stanley，我在家就一直練習“My name is Stanley”。然後不小心揮到放在桌上的杯子，爸爸非常生氣大罵說：『學什麼英文，你改名叫Stupid好了』，之後就一直強迫我說『我是stupid』，我一邊說、一邊哭，我不知道爸爸為什麼要這樣對我。」

小豪低著頭看著地板，親子會面協調員安撫小豪說：「嗯，這些經驗讓你很不好受」。然而，小豪接著又說：

「不止如此，還有更過分的。好像在我小學二年級時，因為爺爺過世，沒人繳房租，房東要我們搬走，媽媽打電話問爸爸怎麼辦，爸爸竟然說：『你們自己想辦法，反正我會把我的東西拿走』，媽媽講完電話就抱著我一直哭，跟我說『爸爸不要我們了』，當下我決定將來長大一定要賺很多很多的錢，和媽媽開心地一起生活。

「之後，我就和媽媽一起住，爸爸沒有和我們住，但他偶爾會來看我，每次都說要帶我去哪裡、去哪裡玩，我那時候心裡是期待的。但爸爸常常不守時、爽約，又找很多的理由，他就是說話不算話。

「我記得有一次，爸爸說要帶我去游泳，我泳褲都換好在樓下等，爸爸一直沒出現，媽媽打給爸爸，爸爸才說他和朋友約了，不能帶我去游泳，我當下真的超生氣、超討厭他。

「還有一次，爸爸說奶奶想看我，就約在我們學校附近的肯德基，奶奶之前雖然會買很多東西給我，但她很兇又不喜歡媽媽，其實我會害怕，就叫媽媽陪我上去。我上去之後就一直躲在媽媽的後面偷看，看到奶奶坐在那裡，還看見我們學校的同學，我當下超想直接下樓的。

「想不到奶奶看到我了，就罵我：『沒家教，你媽是怎麼教你的，見到長輩不會叫？』她超大聲的，大家都一直看我，我真的覺得很丟臉、也很生氣，之後的事我就忘了，只覺得奶奶超級無敵討厭。」

親子會面協調員看著小豪越講越大聲，可以感受到他的憤怒；又接著問：「那你是怎麼知道要來法院會面的事？」

為什麼一定要和爸爸見面？

「有一天，我在客廳發現一個法院的信封，我想說我家怎麼會出現這個東西，就一直問媽媽，媽媽原本沒有很想說，但因為我一直盧，媽媽就說：『你爸告我，說要跟我離婚。』之後就常看到媽媽和律師在討論事情，因為我也知道了，媽媽就比較不避諱，也會帶我去見律師，就聽他們說之後要會面什麼的，我那時候也不太懂，想說他們離不離婚我沒太多意見，反正我就是要繼續跟媽媽住，爸爸不要來影響我們的生活就好。

「但想不到，有一天媽媽從法院回來之後，就跟我說：『你要去法院和你爸會面』，我就說：『那妳要陪我』，媽媽竟然跟我說：『法官說媽媽不能陪你，會有別人陪你』，我聽完很生氣，我氣為什麼大人都不先問過我的意見，就幫我決定一些事？大人不是常常說『要尊重』嗎？他們有『尊重』我嗎？

「我們沒有住在一起後，我爸曾經去學校看我，鬧得沸沸揚揚，還有警察來，我覺得好丟臉。他一直以來都不關心我，現在上了法院才突然說想見我，我真的不知道他是真心的，還是只是做給法官看的，他讓我失望太多次，我怎麼可能再相信他。」

小豪很憤慨地描述這一切。因為小豪很能表達自己的想法，所以親子會面協調員開始與小豪討論一些會面的安排、執行等細節，希望小豪在過程中也能有一點主控權。

社工處遇中的反思

當孩子接近青少年的年齡，會面的情況跟幼兒不同，需要注意他們的主體性和他們各自對父母的意見。青春期階段的孩子有幾個特徵：開始發展自我意識、情緒開始有些變化、想要獨立自主而會有一些反抗、重視同儕。

故事中的小豪即將進入青春期，開始發展出自我意識、重視同儕，情緒也變得更為鮮明，想要獨立自主而會有一些反抗。

所以在親子會面協調員與小豪的對話中，邀請小豪一起參與會面安排的討論，將一些既定的規範清楚告訴小豪後，其他的活動就和小豪一起討論、安排，而非採取很制式性方式要求小豪配合。

從小豪的描述，清楚看出小豪對父親的不滿；而在學校發生的那次不愉快經驗，尤其值得在意。

因此，與青春期孩子相處時，要盡可能地當「朋友」，減少一些說教、命令，多一點聆聽、尊重，這是維繫關係促成會面的重要撇步喔！

在和小豪會談完後，親子會面協調員也和媽媽討論會面的想法，媽媽說：

「對方提離婚，但其實在婚姻關係中，我並沒有做錯什麼，我為什麼要離婚？我的青春都在他身上，憑什麼現在他說不要就不要？我們調解了很多次，對於婚姻存續與否都無法有共識，法官就說那先處理會面的問題。

「關於會面，我是沒有太多意見，只要不影響小豪的學習就好。他現在是班長，很重視自己在學校的表現，我不想他因為會面讓他需要常請假什麼的，這樣他只會更討厭他爸吧！」

雖然媽媽看來一切都很配合，但親子會面協調員心想：「離婚與否沒有個共識，直接將焦點放在孩子會面的議題上，這會順利嗎？這對父母要怎麼合作？」

數日後，親子會面協調員約了爸爸來會談，果不其然爸爸對媽媽有著一堆的抱怨，認為這一切都是媽媽不配合而衍生出來的問題。爸爸認為既然雙方都沒有感情了，也這麼久沒住在一起了，維持這個婚姻到底有什麼意義？親子會面協調員難以打斷，僅能傾聽爸爸抱怨到一個段落，同理爸爸在過程中的不舒服，並藉機詢問爸爸對於會面的想法為何。

「他是我的兒子，我想念他」

「他是我兒子，難道我還要你們教我怎麼當爸爸嗎？」爸爸滿臉困惑，似乎覺得親子會面協調員問了一個很傻的問題。

「爸爸這麼說，相信和小豪互動有一定程度的把握，不過因為有二年沒見面了，小豪也長大了，爸爸覺得這時候再見面會是什麼樣子啊？」親子會面協調員回應著。

「就聊聊天、說說話，問他在學校的事，看看他是不是長高、長胖了，還有，我會跟他說其實我很想他，只是他媽從中阻擾，害我見不到他。」爸爸很有把握地回應著。

親子會面協調員抓到了機會，開始跟爸爸說在父母離異的過程中，孩子可能有的心理狀態，提醒爸爸稍早的說法可能會造成什麼樣的結果，並拿出了法院會面的同意書，逐一向爸爸說明在過程中可以做什麼，以及不適合做什麼。看得出來爸爸的不耐煩，但他仍是耐著性子讓親子會面協調員把內容說完，並在同意書上簽名。

簽完名後，爸爸說：「被你們講得這麼複雜，我看我還是算了，你們安排什麼我就配合什麼。」親子會面協調員與爸爸討論當天可以安排的方式，且再三強調：第一次會面守時的重要性，請爸爸一定要準時到。

第一次會面，親子會面協調員準備了事前和小豪討論喜歡玩的那款桌遊，並請媽媽帶小豪早一點到，且再次和小豪說今日會面的安排，問小豪有沒有什麼其他想法？

「我會帶作業進去，我要一個小時都一直寫作業，這樣頭不用抬、不會看到他，也不用說話。」小豪對自己想出的這個好點子，感到很滿意；親子會面協調員同意小豪帶著作業進入會面室。

進入會面室後，親子會面協調員開始暖場，和小豪閒聊，關心小豪這周的生活，小豪一邊畫著白板一邊回答，並詢問「他什麼時候會來？」

親子會面協調員確認：「你說的『他』是指爸爸嗎？」小豪點了點頭，親子會面協調員告訴小豪爸爸會出現的時間。

時間快到時，親子會面協調員發現小豪看著時鐘，嘴巴不停嘟囊著：「快點，怎麼還沒到，我想要回家。」當分針指到整點時，爸爸還沒有出現。

「你看，我就說吧！他就是一個說話不算話的人。」小豪說著。

「是不是有一點失望？」親子會面協調員問。

小豪回答說：「為什麼每次都要配合他？全世界只有他很忙嗎？我也很忙好嗎？」

這話題還沒結束，親子會面協調員就接到通知「爸爸來了」。

爸爸一進門，就拿了蛋糕和飲料要給小豪，親子會面協調員看見小豪不理會，埋頭在寫作業，就請爸爸先把蛋糕和飲料放著，徵得小豪的同意，讓爸爸坐在小豪對面，看著小豪寫作業。

「小豪，現在五年級啦！字寫得越來越漂亮了。」爸爸笑著說。

「現在功課難不難？」爸爸問。

「嗯。」小豪回應。

「我看現在國小都要學很多，好像也要開始學英文了是嗎？」爸爸又問。

「嗯。」小豪又是單字回應。

「你們現在學的很多東西爸爸都不會了，什麼建構式數學，這在我們那個年代都沒有，我都不知道什麼叫做『建構式數學』呢！」爸爸說完，親子會面協調員見場面有點冷，也補充著：「對啊！我們那時候也都沒有，小豪，能不能跟我們解釋一下什麼是『建構式數學』啊？」

「吼，連這個你們都不懂，『建構式數學』就是……」小豪滔滔不絕地解釋著，爸爸見場面有些熱絡，又開始問小豪一些英文單字、發音等等。雖然小豪都是看著親子會面協調員回答，但至少願意有些互動、回應。

到了約定的一個小時，當分針指到整點時：「時間到了，我要回家了。」小豪突然大喊，且立刻起身準備離開。

爸爸先是一陣錯愕，後續表示：「哇！時間過得好快，爸爸看到你很開心。」於是親子會面協調員請爸爸在會面室稍候，就帶著小豪去找媽媽。

親子會面協調員再次回到會面室，詢問爸爸今天對於會面的感想。

「我就知道他被他媽洗腦得很嚴重，你看他從頭到尾都沒有看我一眼。」爸爸略為生氣的說。

親子會面協調員稍微同理爸爸的感受後，也肯定爸爸今天的回應沒有為難小豪，反而能開啟一些讓小豪有成就感的話題，不過親子會面協調員也想了解爸爸今日沒有準時的原因。

「爸爸，記得上次我們有說第一次一定要準時，但今天爸爸卻晚到了些，是怎麼了嗎？」親子會面協調員詢問。

「我出捷運站就在想要買什麼給小豪，所以才遲到，不過也才一下下而已。」爸爸回應著，親子會面協調員說明遲到可能會讓小豪覺得「爸爸不在乎、不重視」，是會影響到關係的維繫，爸爸聽完才知道原來這些小細節是這麼重要。

過了數日，親子會面協調員打電話給媽媽，關心小豪會面後的狀況，媽媽在電話那頭說著：「小豪說，那天他爸有帶蛋糕和飲料來。不是我在說，他爸根本就不關心小豪，小豪不喜歡吃甜食啊！就像之前小豪都已經會游泳了，還送游泳圈當生日禮物，他根本就不懂小豪喜歡什麼、需要什麼。」媽媽又是一陣數落。親子會面協調員聽著也說明著探視方普遍可能有的狀況，並再次提醒下次的會面時間。

「他欠我一個道歉！」

有了上次的經驗，第二次小豪少了一些緊張的感覺，但多了一些不耐煩，期待這一切能早早落幕與結束，親子會面協調員在過程中也發現小豪漸漸地可以和爸爸互動，而爸爸在過程中亦會開啟小豪有興趣的話題，讓小豪有些成就感，只是時間一到時，小豪仍是會立刻結束遊戲，起身準備離開。

到了第四次，在會面開始前，親子會面協調員觀察小豪臉上少了笑容，話也變少了，這和前幾次很不同。

「小豪，你怎麼了？你今天看起來不是很開心。」親子會面協調員關心著。

「我不想來，我不想再見到『他』」，小豪簡短回應。

「喔！怎麼了？是不是有發生什麼事？你願意說一說嗎？或許我們可以再討論今天的時間能怎麼調整。」親子會面協調員回答。

「我在想，如果做錯事都不用道歉，只要裝沒事就好，那個受傷的人又算什麼」，小豪回應著。

「你是說，過去爸爸爽約、又罵你，但他都沒道歉；現在，他稱讚你，和你玩得很開心像沒事一樣，會讓你有些不舒服是嗎？」親子會面協調員核對著。

「對，沒錯，那過去算什麼，我是被他罵著玩的嗎？而且提出訴訟才說要見我，是真的想見我還是為了做給法官看？我今天真的不想見到他。」小豪頭低低的說著。

「嗯，現在這樣的心情如果見到爸爸一定不是很好受，我們可以稍微和爸爸說一下你的感受，討論今天是不是能暫停嗎？」親子會面協調員說著。小豪點了點頭，不發一語。

約莫過了二十分鐘，親子會面協調員告訴小豪，爸爸同意延期，小豪聽完，臉上總算有了一點笑容，於是和媽媽離開了法院。送媽媽和小豪離開後，親子會面協調員進入會談室和爸爸會談。

親子會面協調員看見爸爸手摀著口鼻似乎在沉思些什麼，於是開口問：「爸爸在想什麼呢？」

「想不到過去的這些事，小豪都還記得，而且還放在心上。那時候，我只是嗓門大一點、隨口說說，也不是真心覺得他笨；那時候我也是在拚事業，才會臨時爽約，畢竟錢多賺一點，將來可以給他好日子過。想不到小豪這麼在意這些事，你們覺得我要怎麼做好？」爸爸問。

親子會面協調員和爸爸討論道歉的可能性，爸爸同意，於是開始討論下次會面的進行方式，且在過程中和爸爸做了一些演練。

不過親子會面協調員更好奇的是爸爸態度的轉變。

「爸爸，我們觀察到會面前和現在，你很不一樣，記得在準備時，你覺得一切自己都能掌握，不需要討論，甚至還覺得我們有點囉嗦。但現在你會願意和我們討論，也不再這麼堅持，是什麼讓你這麼不一樣？」親子會面協調員好奇的問。

「我剛開始真的覺得你們很囉嗦，只是見個孩子哪裡這麼複雜，但在第一次會面時，我發現沒有刻意先準備什麼，真的會很乾；而且孩子也沒有自己想像中能夠控制或有話聊。但我觀察到你們可以和小豪很貼近，也準備他喜歡的遊戲，我真的看見你們的用心。

「其實我和小豪好不好，不關你們的事，但你們卻把它當一回事地在處理，讓我有點感動。不管未來小豪是不是還願意和我相處，這段日子的互動，我都不會忘記。」

爸爸一邊說著一邊眨著眼，似乎擔心這些感動的淚水會不小心奪眶而出。

法院會面的最後一幕

第五次，也是最後一次的法院會面，爸爸向小豪表達自己的歉意，以及對於小豪的在乎，爸爸說完後，問了小豪：「你想要再玩桌遊，還是想回家了？」

「我想回家了。」小豪回答著。

「好，那我們今天就到這裡吧！爸爸很開心和你見面，你自己要好好學習，要照顧好自己，天冷了就要加件衣服，不要感冒了。」爸爸溫暖地叮嚀著。

「嗯，爸爸再見。」小豪說完轉頭就走。此時，分針指著4。

爸爸望著小豪離開的背影，第五次，小豪總算開口叫了「爸爸」。這個「爸爸再見」的聲音，一直在爸爸的腦中迴繞著，爸爸點著頭微笑。

過了一個月，爸爸、媽媽及小豪都來法院開庭，爸爸在開庭前特別來找社工，述說這在最後一次會面後的感觸。

「以前，我都覺得孩子是自己生的，理所當然會跟自己親近，但經過這段日子，我常常回想起這幾次和小豪的互動，我發現我能專心聽小豪說，我也能讓小豪來教我。我知道，關係是需要經營的，不是理所當然就長成的，或許現在說這些有點晚了，但如果還有一次機會，我會選擇當小豪的朋友，更在乎小豪的感受。」爸爸很真誠地表達，社工點點頭，肯定爸爸的看見與成長。

而小豪的部分，早在媽媽收到法官要傳小豪出庭時就主動和社工聯繫，社工在開庭前一周就協助小豪進行開庭的準備。

「其實我爸那次會跟我道歉，我蠻意外的，他竟然願意低頭，還能接受提早結束，跟過去的他很不一樣，或許他沒有媽媽說的那麼糟吧！不過我現在和媽媽住，我還是想多一事不如少一事，他不和我見面，我也不可能主動找他。媽媽要跟我抱怨，我還是會聽，但我心裡知道，我爸不是個壞蛋。」小豪輕鬆地說著、笑著，臉上滿是喜悅。

慶幸小豪有分化的能力，讓社工不禁為他喝采祝福，而爸爸、媽媽婚姻的結局又是如何呢？就讓法官來傷腦筋囉！

合作父母小叮嚀

我們在實務的過程中，常會遇到當探視方和孩子相處不順利時，探視方就會將責任歸咎在同住方身上，認為是同住方「洗腦、威脅」孩子，才使得孩子不願和探視方接觸。在這樣的過程中，若孩子還小，探視方常常就會竭盡所能地「檢查」孩子身上是否有傷，若有一點點的傷勢（如：蚊蟲叮咬），就會質疑同住方的照顧能力，甚至進行家暴通報等，導致兩造的關係更加緊張。

文中，小豪不想和爸爸見面是有道理的，包括爸爸過去的一些行為讓小豪很受傷，他對爸爸的失望，包括目睹父母衝突和過去的親子互動，然而這些都是小豪的心裡話，倘若他沒說出來，沒人知道。但，小豪不會面的決定，常常就會被解讀是「因為爸媽現在有訴訟，小豪和媽媽住，媽媽難免會說了些什麼，小豪才不想和爸爸見面」。一般而言，在會面過程中，最好能將父母婚姻和親子互動分開來討論。婚姻是大人之間的事，跟爸爸的來往經驗，就跟孩子切身相關了。

至於對於探視方的小叮嚀，就是不要認為孩子不願見面都是同住方的問題。有時候是過去親子之間仍有未解的結而影響到現在的關係，或是在會面過程中有一些不愉快的經驗，也可能會有影響。

孩子的態度轉變必定要有一個過程，小豪的媽媽早在收到法官要傳小豪出庭時，就主動和社工聯繫，所以社工在開庭前一周，就有機會協助小豪進行開庭的準備，充分聆聽理解他的心情。過程中爸爸願意道歉是重要的神來一筆，讓孩子看到爸爸的真誠而轉變自己的心意。

在父母不睦中長大的孩子常常有心靈上的創傷，對於父母也開始有自己的定見，需要尊重，然而良好的會面交往，有時可以是療癒的開始。

第十一章

揹著父母婚姻十字架的孩子

寫在前面

我們駐點在法院提供服務多年，主要服務對象是家暴案件當事人及仰賴法院處理未成年子女紛爭的父母，而這兩者很多時候是重疊的。過往生活中，我們很常聽到「大人的事，小孩不用管」，但我們清楚孩子並不會因為我們這樣一句話，就真的置身事外，我們也都深知父母婚姻關係不佳對孩子的影響，但一旦主角（孩子）出現眼前，震懾程度依然強烈。

這個案例並不是以會面交往服務為主體，卻也真實地讓我們看到孩子如何捲入父母衝突的婚姻關係中，成為背負著父母離合決定的仲裁者，孩子因此葬送了自身的學習與發展、美好的青春年華，因為她的大部分目光都放在父母身上了……。

比暴力更暴力的壓力

自從法院社工開始服務家事案件後，我們的服務對象有了一些轉變。從過去侷限在有「家暴議題」的家庭擴展到「高衝突家庭」。這些家庭不必然有肢體暴力事件發生，但卻鐵定是夫妻關係緊張、家庭衝突不斷。處在這種情緒張力的家庭，殺傷力可能並不亞於肢體暴力，家庭中的孩子，就變成了最直接的目擊者和法庭上的證人。

他們的童年在父母的衝突中度過，這些記憶是他們的惡夢，他們卻可能被要求陳述經歷的過程和場景，甚至於可能被父母或長輩要求在法庭上說什麼或不說什麼，證實或否定家中的被害人——然而，他們才是無辜的受害者。

這就是為什麼法庭要有社工陪同未成年孩子出庭的制度，好能及時支持他們說真話，但是，還是得看法官是否有轉知社工陪同。此外，對孩子來講，法庭的壓力並不會大過於父母的壓力，社工的陪伴並不能永遠能抵制親情的訴求。

其中最極端的例子就是孩子在父母關係的壓力情境下，成為一個虛擬暴力下的目擊證人；而這也是我們在服務過程當中，最無法想像卻是真實存在的一群隱形的受害者。

合作父母小叮嚀

在實務上，有時未成年的孩子會因為是被害人、證人或關係人，而被傳喚到法院接受訊問。為了降低孩子因對法院環境或開庭程序的陌生，而產生的恐懼焦慮感，目前各地方法院家暴服務處或家事服務中心，均有提供兒少陪同出庭的服務，讓社工們可以在法官訊問孩子的程序中，提供有效地的支持與陪伴。因此，建議父母們，如果你的孩子可能或需要被傳喚出庭時，可以主動諮詢相關資源或提出讓社工陪同兒少開庭的服務申請，讓孩子能在出庭過程中，感受到陪伴與支持，同時權益獲得保障。

隨著年齡的增長，在日出月落之間，他們自身的創傷記憶不斷累積，影響他們的信念、他們形成的人格。從小經歷扭曲的關係，還要被迫說謊，很難想像他們的未來要如何去信任這個現實世界，很可能也就因此自我傷害、自我放逐。背負父母婚姻十字架的小安，就是一個活生生的例子。

當時的小安因為未成年，法官請社工陪同孩子開庭，那時的案件是聲請保護令，聲請的人是母親、相對人是父親。依照慣例，社工都會提早聯繫，希望能提前幾天為孩子進行開庭前的準備。但小安已是青少年，我們大多有心理準備，因為課業繁重，所以通常都是當天提早碰面，因此我聯繫母親後，確定當天請孩子比開庭提早一個小時到場，而小安的母親似乎急著利用這次談話，跟社工透漏部分案情。

小安的母親說著：就是因為自己與小安的父親婚姻關係不好、衝突不斷，在小安年紀比較小的時候，他的父親就曾為了取得小安的暫時監護權，而強迫小安說謊，後來小安長大了、敢反抗了，才跟自己道歉說那時候不該說謊。不知是否是職業使然，我們對於父母彼此的指控早已司空見慣，因此對於小安母親的陳述，除了聆聽和簡單回應表示理解，內心反而更期待聽到的是直接來自孩子的說法。

小安的獨白

聯繫小安母親時才得知，小安其實並沒有與母親同住，而是跟阿公阿嬤同住。到了開庭前一天，我主動聯繫小安，希望作個提醒並先建立關係，我內心預設中午休息的時間聯繫，以免影響上課，但響了幾聲都沒有人接，就在心裡嘀咕，會不會學校不能帶手機，突然電話那頭傳來略微沙啞的「喂……，你是誰？」語氣中雖沒有明顯的不悅，但也似乎是被吵醒的狀態而顯得急促簡短。當我開始自我介紹並提醒會談時間是明天上午九點時，這個聲音又恢復稚嫩，嘟囔著：「阿姨，九點太早了啦……，我沒有辦法，我還要餵貓咪吃飯。」

經追問平常上學時誰幫忙餵貓，這才知道小安因為生病其實已經休學一段時間，拗不過我只有一次的請求，最後小安總算勉強答應會盡量配合，但也突然冒出：「阿姨，開庭時會看到他嗎？我怕我看到他會很激動。」

我心裡大概也清楚小安指的是她的父親，而我也依一般程序回應小安，我們會協助向法官表達，但還是要看法官最後決定是否同意讓妳和爸爸可以不用碰到面，分開向法官表達你們想要說的事情。

我心中對於小安身心狀況有點不安，所以再次確認小安是否準備好來出庭，小安聽到後也只簡單回應「我要去，沒關係，那我會多帶點備用藥」後，就先行掛斷電話，留下電話這頭心中仍有一堆問號的我。

隔天開庭日，跟約定時間相差不久，就看到小安母親帶著小安前來。初見小安，留著一頭長髮，簡單的上衣、牛仔褲，臉上已有淡淡的妝，肩上雖背著略顯超齡的珠鍊包包，但儼然就是青春無敵的姿態，臉上沒有太多的怯生，反倒是一見到我後，就轉身去洗手間整理儀容。小安的母親在洗手間外忍不住叨念起小安：「好了沒啦，阿姨在等妳了。」小安這才有點不情願地回到中心。我因為要把握時間，沒有與小安母親有太多交談，簡單說明因為今天法官主要的訊問對象會是小安，所以我必須要單獨與小安進行開庭準備，請小安母親留在會談室外等候，而小安母親聽完後似乎也沒太多意見，而我就帶著小安進入會談室。

我心中還帶著一些想要建立關係的想法，簡單地關心著：「小安，妳今天比較早起出門ㄏㄡ……謝謝妳願意配合ㄋㄟ……」，小安一臉不以為意地回應了官方版動動嘴角的微笑，看起來倒是更在意自己的妝扮是否依然完美。

礙於時間有限，我開始簡單說明「接下來要跟妳說一下今天的開庭程序：通常最重的就是法官會想要了解妳為什麼要聲請保護令的原因……」然而此時看著我的小安，似乎就像被CUE到一樣，開始用著自己的節奏不疾不徐地說了起來：

「我是家裡唯一的小孩，小時候我是跟爸媽一起住，但他們其實感情很不好，幾乎每天都在吵架、甚至打架，大概在我小一或小二的時候，媽媽就搬走了，那時候因為我不想要離開習慣的居住環境而選擇留下跟爸爸住。

「但那時候爸媽都想要爭我的監護權，爸爸也開始指控媽媽對我家暴，到最後我也必須要出庭作證，雖然爸爸似乎沒有明確要我說謊，但他說話的語氣就是會讓你知道如果你不這樣說，你回家就會很慘，日子會不好過，因此當時我只好說謊表示媽媽有對我家暴，之後爸爸就拿到暫時監護權了。因此有一段時間，我和媽媽碰面都是要到一個特定的地點，然後有人看著我們，這個部分我已經有和我媽道歉了。

「後來我爸幫我轉學，有一段時間只有我和他兩個人住，他只要不開心或講到我媽，我也不知道為什麼，他就會突然對我大吼、罵我跟我媽一樣賤，如果我跟他吵，他有時候還會推我，這些都沒有明顯的傷啦，老師也不會發現，但其實都很痛。有一次他還說要帶我一起去死，我那段時間超害怕回家。後來因為阿嬤知道我爸沒有正常時間給我吃飯，我常餓肚子，阿嬤覺得我爸沒辦法照顧我，才叫我搬去跟阿公阿嬤一起住，後來我爸就不敢再對我怎樣了。」

小安一鼓作氣流暢地說完一大段，語氣中沒有太多的情緒起伏，就好像只是在描述早餐吃了什麼一樣的簡單。當下的我，也著實吃驚小安可以用這麼平靜的語氣，去說一件明明聽起來應該是很痛苦的事。就在我內心還在思索著要怎麼回應時，小安又開始接著說：

「我知道那時候爸媽為了爭我的監護權，都不斷討好我，但我那時候其實就很像是夾心餅乾啊，很怕得罪哪一邊……。

「我記得有一次，媽媽跟我碰面時，給我一個很漂亮的包包，回家之後爸爸看到，隔天就又買一個類似的包包給我，而且叫我不要用媽媽的，我那時候真的覺得好浪費。

「爸爸媽媽都只在乎他們誰拿到監護權，可是都不是真正的關心我……。我記得我小時候的幼兒園，就在家樓下，但我幾乎每天都是最晚被接走的。」

我的視覺與聽覺似乎分裂著，看著眼前這個完妝的美少女，突然像小孩子般細數著過去不被大人關愛所留下的印痕，感受到她過往揪心的孤寂，或許到現在都是如此。

「社工阿姨，你不要看我現在這樣，雖然我現在還是不夠瘦啦，我想要再瘦一點，但其實我國小的時候很胖，真的很胖，所以就被同學霸凌。但我都沒有告訴家人，只有這次生病住院才說出來。

「阿姨妳一定會想問說怎麼沒有跟媽媽說，其實我有說過一次，但那時候跟媽媽碰面的時間也不長，可能她也沒有覺得很嚴重，只是叫我要乖乖聽話，當時我也就懶得再多說，反正覺得說了也沒用。

「好不容易升上國中，我決定不要再被霸凌，我就開始認識校外人士或是學長姊。有越來越多人知道我之後，就再也沒有人敢欺負我，我還變成風雲人物。阿姨妳不要看我這樣，我還是有自己的原則，就是我告訴自己不能抽菸。原本朋友們還笑我說，幹嘛裝啊，遲早都會抽的。但我告訴自己，你們越這樣說，我越要做給你們看，我也真的做到了。」

有別於訴說著自己的不被關愛和痛苦的學校生活的平淡語調，小安反倒是在說著自己決定不再被霸凌與不抽菸的原則時，臉上多了一分堅定與自信。

小小年紀的她，存活在父母關係緊張衝突之下，父母忙於自己的需要或與對方的糾葛，孩子被迫獨自面對與摸索如何因應成長過程所帶來的各種挑戰。這份靠自己打拼出來的自信，叫人聽著十分不捨。

以死相諫？

「國一時我常翹課，學校的輔導老師還滿關心我的，我幾乎都只有要跟輔導老師談話那天，才會去上課。升國二時，我也曾想過要開始認真念書，卻發現自己已經跟不上進度，於是我開始封閉自己，將近整整一年時間，我都把自己關在房間裡，幾乎也不開燈。我也會用美工刀劃自己的手，到最後有想死的念頭，就是那種真的想跳下去或吃很多安眠藥的那種，我才跟阿嬤說我要去看醫生。我才剛住院出來沒多久啊，醫生說我是憂鬱症。所以我現在先休學休養身體。

「說實在，我真的很討厭他們現在這樣。希望他們可以趕快離婚，他們可以作朋友就好啊，偶爾大家一起吃一次飯，不用像現在這樣明明就很討厭對方，但還要當夫妻，真的很奇怪。其實我知道我媽想離開我爸，我之前也曾經氣我媽為什麼要離開家，但後來我也開始明白，我媽她不是沒有自己的天空，她其實很努力工作賺錢，希望給我好的生活，她跟同事相處也都很好，甚至阿公阿嬤雖然也很氣她，但遇到事情還是會叫我打電話給我媽。

「反而是我爸超難相處，脾氣不好就算了，平常也都只顧自己，也不會幫忙家裡的事情；對我媽並不好，我也覺得我媽不必綁在這樣的人身邊，離婚之後搞不好會找到對她更好的人。我朋友的媽媽離婚之後，也有穩定交往的男友，我朋友說：她跟叔叔的關係還比跟爸爸親，所以我覺得離婚並沒有不好，他們就真的不適合啊。

「拖了這麼多年，很像歹戲拖棚。我從小就看他們這樣，真的很痛苦，我有跟我爸說過，如果他不同意跟我媽離婚，我就死給他看，我是認真喔。」

小安邊說著就算自己死也要讓父母離婚時堅定的眼神，讓我感到害怕卻又酸楚，是什麼樣的經歷，讓一個花樣青春的孩子，需要用自己的生命來作為父母婚姻關係的救贖！曾幾何時，孩子心中早已不斷提出質疑：當父母之間的婚姻關係只剩下衝突與爭吵，為了什麼爸爸一定要綁住如此不快樂的兩個人呢？

不知道是不是覺得自己說了太多自己的故事，小安突然又從自己的角度拉回到父母的婚姻關係，以一種理性與成熟的姿態，說著對大人的感情世界的想法與建議，儘管小安說著希望父母可以趕快離婚，但也不難聽出，孩子終究還是希望父母是可以如同朋友般，維持比較和諧的關係。

望著眼前這個滔滔不絕、甚至如同放錄音帶似陳述著的孩子，猜測這樣的內容她是否已經反覆對不同人說著，內心湧上心疼……。不知道是否因為表情不小心流露出憐憫，反倒是小安用著安慰與無奈的語氣說著：「也沒辦法啊，我的家庭就是這樣啊。」

聆聽的同時，眼神不經意地飄向，訴說這段話的孩子手腕上的一道道傷痕……是怎樣的痛苦在心中，以至於這漂亮的女孩要一刀一刀劃在白皙的手腕皮膚上？作為獨生女，沒有手足的分擔，她要怎樣抵制父親要她作假證的要脅？在面對媽媽時，又要怎樣度過心中的不安？是怎樣的勇氣，讓她在不久前為此和媽媽道歉？是怎樣的堅持，使她要以自殺逼父親離婚？她是為了躲開父親？為了協助母親飛出鳥籠？十六歲的人生旅程裡，這個漂亮寶貝到底是背著誰的十字架前行？

看著陪伴的母親，對小安滿是關心，但更多時候可能是小心，深怕一句話讓小安不順心，就會讓小安再起自傷的念頭。

至於她，用自殺來逼父母離婚，似乎是她對軟弱母親的相挺。給媽媽的離婚找一個堅實的理由！我可以理解這孩子對父親的失望、對母親的無力。但是，親愛的孩子，能不能有比「以死相逼」更好的方法來「救援」媽媽？

學校的輔導老師知道她有憂鬱症，建議她去就醫。但小安的父母是否明白，這孩子自小捲入夫妻衝突的深度？他們當時一定也沒有想到，孩子最後要付出的代價會是如此的大……。

社工經過一再釐清，確認小安目前並沒有再受到父親暴力的疑慮，反而更多的是對於父親過去行為的反感。老實說，長大的小安是否有取得保護令似乎已經不那麼重要了，她在家中已經找到自己的威勢。

至於陪同出庭，其實她沒有在怕！畢竟她對法庭並不陌生，陳述訊問也都沒有太大的問題。雖然在面對父親否認過去對她所造成的傷害時，小安忍不住動怒大吼而立即服用鎮定劑，而法官在有限的時間也試圖關心小安，希望小安不要涉入太多父母的婚姻關係，扮演好自己孩子的角色就好。

但對小安來說，似乎一切都早已難收手了……。

合作父母小叮嚀

透過小安的故事，我們學到許多。

我們學到要提醒處於緊張關係的父母，或正處於爭取監護或訴訟攻防的戰場中的父母，請別忘了身邊孩子的需要。期許父母們，除了照顧自己的傷痛與憤怒等各種複雜情緒外，需要有更強大保護孩子的使命，而不是藉由孩子來作為攻擊另一方或讓自己取得勝利的籌碼。

孩子很容易讓自己捲入父母的三角關係中，這是天性使然本也無可厚非，但倘若這個狀況一再發生或涉入程度太深，佔據了孩子生活的大部分時間，這時孩子可能變成夾心餅乾，可能變成隱形人，更可能用謊言支持爸爸或用自傷為媽媽代言，如果父母沒有及時留意或覺醒，孩子在人格發展中的需要，以及漠視忽略孩子面臨的困難，這都將造成孩子未來身心不健康的重要影響，而且往往時間久了，孩子要去修復內心所受的創傷，要付出的代價有可能是一輩子，這一定也是父母所不樂見的！

因此在過程中，父母雙方都要找到機會，用自己的方式，對孩子作下列這些表達：

- **致歉**。例如：抱歉爸媽相處困難讓你難受。
- **釐清責任**。例如：這些是我們大人的責任，我們也已經在努力學習去解決……。
- **謝謝**。例如：你是一個好孩子，也一直關心爸爸和媽媽。真的謝謝你。

- **祝福**。例如：我們都真心愛你也希望你快樂，祝福你可以享受屬於你生活，進行你需要的學習。
- **傾聽**。例如：你也許有些困惑和情緒，如果想說說或想問我，歡迎隨時說出來。有些事如果我也還沒有清楚答案，至少我願意去想一想或收集一些資料再跟你討論，這樣好嗎？

第十二章

從「家庭系統」和「依附關係」看離婚階段的親子關係

對孩子而言，父母就是能使他們依賴而生長的河川與高山，孩子的山河也互相依傍、陪伴他們成長，是他們的安全堡壘。當某一天，孩子隱約或被迫得知，這樣的山河即將分崩離析；試想，那會是多大的恐懼？

忠誠議題

「忠誠」，是孩子們本能地去相信父母親，為了依賴和需求所產生的自然反應；孩子通常會對雙親忠心耿耿，雙親就是他們初到這世上第一次產生親密連結的對象。

這樣的忠誠有強有弱，而當父母發生衝突時，孩子會不知道該如何擺放他們的忠誠，要偏向爸爸？或偏向媽媽？但又似乎並非如此全有全無？最終，好像強迫他一個人玩著蹺蹺板，他拚了命維持蹺蹺板的平衡；可說到底，他只有一人，坐在哪邊都不對、都無法平衡……。

當孩子細膩的內心被迫進入這樣的蹺蹺板遊戲，他的心靈陰影自然生成、突然溫度驟降，孩子需要不斷地向雙方輸誠才能避免失溫，以免自己也被拋棄。

除了雙向忠誠，有時候孩子會選擇只偏向一邊；或者有些有手足的孩子，會觀察手足的反應來決定向哪邊忠誠，可能都投向某一邊，也可能為了維持平衡而自願各自分開。也有受到「隱形忠誠」（invisible loyalty）影響較深的孩子，認為自己必須「選邊站」，而另一位手足則不受影響。

在家庭治療的脈絡中，「隱形忠誠」是指：孩子對父母的忠誠來自於他們如何從父母那得到照顧與滋養，是親子關係的根基；所謂「隱形」的原因是：孩子們因忠誠而承受的壓力，遠比大人眼見的還要更深、更遠。即便此時此刻孩子並未表現出因父母離異而受到影響，當孩子進入青春期、準備要長出自我時，或許就會因為根深柢固、來自父方或母方的價值觀，而在內心產生嚴重拉扯。因此，若要談父母離異對子女的影響，不得不從隱形忠誠開始切入討論。

在第八章中，親子會面協調員觀察到：強烈抗拒與媽媽見面的小樂，在第二次會面時，在與爸爸離開後，就能到遊戲室與媽媽玩得不亦樂乎；可是小樂明明前幾分鐘前，還以爸爸稱呼媽媽的方式，說她不要和「那個人」見面……。第五章的翔翔，則是要看母親的臉色才決定是否收下父親的禮物。

親子會面協調員總能看到這種彷彿「變臉」的會面過程，看到孩子因為敏感又貼心的「雙面效忠」。親子會面協調員看到年幼孩子看臉色的表情，理解孩子的為難，又心疼孩子的辛苦，他們的面具悄然無聲地交換著；在這個瞬間，彷彿聽見他們輕聲吶喊著：「我不是不想看媽媽，但我也不想傷害、背叛爸爸」「爸爸跟我說一個版本，媽媽給我另一個版本，哪一個才是真的？我要相信誰？我到底應該喜歡誰、討厭誰？我只能這樣變來變去，他們兩個才都會開心吧？」身為親子會面協調員，我們相信：如果父母讀懂孩子的為難，一定會比親子會面協調員來得更加心疼孩子的。

第二章〈父親的獨白〉裡提到：「父母吵架或冷戰時，孩子難免會在自己最愛的人——父母——面前說著不同的話，甚至是言不由衷的話，為了讓父母舒服些或表示自己對父親或母親的忠誠。」而這樣的輸誠過程，不論是對父親、母親，還是孩子本身，都是最大的輸家。這位父親也提到：「這是我的體驗，在婚姻中同住時，兩人之間還有一些互相信任的基礎，還有不同的機會可以讓孩子知道爸爸很愛她。」

第三章〈母親的心聲〉中，孩子在父母終於釋盡前嫌之後，對他媽媽說：「我以前真的很怕在妳面前提到爸爸，因為我知道妳不喜歡，我怕妳一不高興也不要我了，我不知道我要去哪裡。但是我很愛你們，謝謝你們現在可以讓我都愛你們，不用選一個。」

這些體悟也是親子會面協調員最想傳達給雙親和孩子的內涵：不論同住或不同住，只要雙親之間還有信任基礎，就有機會讓孩子知道，雙親對他們的愛不會變少，孩子也能透過感受了解到：愛他的人從來沒有變少，更不曾離開。

除了上述子女為了「求生存」而忠誠，也有可能演化子女遊走在父母兩者之間「鑽漏洞」的小聰明，這種狀況在青春期更容易發生，如同第三章〈母親的獨白〉提到孩子因為知道爸媽早已不會溝通，分別假借爸或媽的名義，要求另一方買手機、網路給他，這是分居的父母始料未及的——原來我們不溝通，會讓孩子有機會見縫插針。

孩子除了需要與重要他人保持友好、關愛的關係之外，他們也需要人與人溝通、互動的典範，而離異後的合作父母若能保持良好的溝通和互動，就是一種最佳的人我互動示範，更可以讓離異父母在育兒的路上成為夥伴，得到支持或喘息。

親子關係除了「愛」「教養」，也需要由父母設定好「界線」，避免子女過度涉入或過度排除於各個次系統之內（Wetchler，2015），讓他們避免受到父母的衝突牽連。試想，倘若在離異的階段，雙親能表達：「爸爸媽媽時常吵架，但孩子你不用和爸／媽吵架」「如果我是你，我偶爾也會很想念爸爸（非同住方），那是正常的感受。」或許就能為孩子創造「被理解」「被許可」的空間，也從緊勒著的隱形忠誠中鬆綁。

如何解決孩子的忠誠議題？

我們盼望在離婚過程中的父母，有機會透過社會教育或個別會談，認識自己的孩子難以言傳、但卻在肢體語言和行為上表達出來的忠誠掙扎與困惑。期待父母以寬大的心胸，勿將孩子視為個人擁有的財產，更不要有意無意增添孩子的罪惡感——因為忠誠感與罪惡感是緊密相關的。

我們期待有一天，雙親都不會對子女說反諷的話，諸如：「這麼想念那個人？我看你恨不得三百六十五天跟他在一起」「你那爸爸對你還蠻有情意的嘛，對我可連十分之一都不及。」「你去見他可以，可不要把他的毛病都學來了！看看你，越來越懶了！」「你要乖，不然，就去跟你奶奶住好了。別回來了！反正你喜歡她！」

這些話語像是利刃刺進孩子的小小心臟，刺激孩子複雜的心情和內心的衝突與不安……。

相反的，我們期待有一天，父母或祖父母要有意識地協助孩子放下選邊站的忠誠壓力，或當察覺孩子有為父母離婚負責的任何意念時，便加以澄清：如：「你想念媽媽？這很正常，好一陣子沒吃媽媽燒的菜了，對不對？好在這週末就能去那邊，希望你們共度愉快週末。」「很抱歉我們不作夫妻、不住一起了，讓你跑來跑去。你媽是好人，只是我們比較適合作普通朋友，不適合作夫妻。但是你知道嗎？你對我和對媽媽都好重要。你是我的寶貝，我知道媽媽也好愛你，也以你為榮。」「你開開心心去外婆家過中秋節，舅舅阿姨也會去。我很高興你們一起聚聚，過完長假我就來接你。」

這些話語，可以讓孩子們安心地思念或與另一位父母會面，好好地享受被愛與愛人的權利。

認識家庭系統

「家庭系統理論」（family systems theory）強調家庭與成員彼此的互動，此「家庭系統」指的是由互動密切的成員所形成的系統，其對內作用在於維持平衡，對外則是尋求適應（謝秀芬，2006）。當家庭中的夫妻次系統發生異動（如離異、死亡、失業、新生等），勢必會對家庭的整體性造成衝擊，也帶動親子或手足次系統的變化。離異中的雙親，在面對龐雜的離婚訴訟或新生活，可能因此忽略了對孩子的照顧，或者不自覺地將對另一半／前任的憤慨傳遞給孩子，無法在離婚後仍與對方維持合作育兒關係，孩子也受到忠誠議題的影響，家庭的成員均需要採取行動，磨合與穩定此變動帶來的失衡和干擾。當家庭無法靠自己的力量找到新的平衡時，就是親子會面協調員等專業介入的時機。

其他次系統（如祖父母、外公婆）對孩子而言，應該是天生的資產，然而若親族主導了夫妻甚至親子系統時，很可能也會帶來負面影響，使孩子無法好好享受來自雙親的照拂。舉例而言，小豪父母的衝突，除了本身的矛盾之外，小豪奶奶對小豪母親的謾罵，也導致小豪不願與奶奶接觸。

第四章裡的君君爸爸，原本在與專業人員會談時，非常同意以孩子利益為商談方向，不傷害孩子的前提進行會面，但是每次追蹤卻發現爸爸屢次未履行商談的結論：爸爸的不自由與奶奶（親族）的涉入（家人幫忙育兒），讓爸爸不覺得媽媽重要；爸爸雖在親子會面協調員的介入下同意商談的約定（結論），但返家後卻會寄信推翻自己的承諾，再指稱媽媽反反覆覆，致使會面無法順利進行。從這幾例子可以看出：婆媳／翁婿的系統干擾了夫妻系統，再干擾了親子系統，系統間若沒有適當的界線或溝通管道，彼此之間的影響便可能導致負面的結果。

不過「系統間」也會產生好的影響：第三章裡的這位母親提到，要「神聖化」自己和已離婚的另一半共同育兒，真的很難，因為她還是無法原諒孩子的爸爸。但經過與親子會面協調員討論後，她願意嘗試「不再」用過去因應對方的方式，「剛開始調整時，爸爸也並沒有好的回應，交付時還是冷漠，但我跟自己說再試試看，畢竟我是為了孩子；而關係這件事真的很奇妙，當我不斷嘗試調整努力不要『吵』時，就像一個巴掌拍不響，好像關係真的有變好一點。」

上述種種例子即是家庭系統理論說的：系統之內與之間是相依相存、互相牽制的有機體，若父母因離異中的衝突、訴訟的針鋒相對，而忽略了其有穩定此關係的責任——不論是指責對方、盡可能降低對方與孩子碰面的機會、纏訟多時且期待孩子作為證人、當孩子表現出對另一方的關心或好感時，引起的仇視等情緒勒索或離間（parental alienation）行為等——便很可能讓孩子在交惡或冷漠的雙親之間進退維谷，發展出不良的衝突因應方式，演變成不安全的依附關係或過分疏離的家庭系統關係，而喪失系統原有的功能。

然而，當親子會面協調員這個「專業的外人」有幸進入原本封閉的家庭系統，以陪伴性地介入、教導父職能力、協助母親和雙方的互信，沖淡原先的家庭互動，家庭（即便是離異家庭）仍能帶給孩子的滋養，甚至不會比未離婚前低。

「最讓我感動的是，某次我跟孩子吵架、他又跑去爸爸那裡時（青春期的孩子真是不容易教養），孩子回家後跟我道歉，說是他的態度不好，因為爸爸跟他說：『媽媽一個人帶你很辛苦，念你也是擔心你，不要一直頂嘴。』我彷彿肩上放鬆了一些，覺得育兒路上有被支持，不是只有一個人。」這位媽媽說。

父母同時是孩子的天、孩子的地，這片天和地多麼遼闊，是孩子們此生都能在其中找到慰藉的庇蔭之所。孩子突然面對了雙親狂風暴雨、山崩地裂的衝突，孩子要如何相信他賴以為生的這片天不會垮、而這片地也不會裂？這就得看孩子與這片天地的「依附關係」安不安全了。

留意家庭系統中的牽一髮動全身

家庭系統中的人們常是相依相存、相牽制的，夫妻離異常牽動許多親友重新調整關係定位。雙方的父母和手足，跟孩子的關係維持和見面機會也是要注意安排的。阿公阿嬤、外公外婆常常是首當其衝，他們可能是最佳資源援手，也可能是帶來情緒困擾的主要原因，利弊之間需要明智的評估、覺察和善用。

婚姻結束後，單親爸爸多半需要阿嬤協助，代間的界限因而模糊；在會面交往、監護、探視等議題上，阿嬤常常因「疼孫之愛」和「對前媳婦的情緒」，更需要多一些的調適，以便給孩子最大的助益，而不要留給孩子的是「對離去的媽媽的侮蔑」。

若老一輩能讓孫子女知道，有個人是他／她永遠的母親，又有個人是他／她唯一的父親，協助父母親維持子女真實而美好的形象，絕對是重要的。

認識依附關係

精神分析學家Bowlby在一九七〇年代提出「依附關係理論」（attachment theory），指出人們幼年基於情感與社會需求，將和（至少一方）照顧者發展出親密關係。後續研究（Ainsworth, 1987; Main & Solomon, 1990; Bowlby, 1980，轉引自Flaherty S. C., Sadler L. S., 2011）將依附關係分成以下四類：

一、**安全依附**（secure attachment）：當照顧者不在孩子身邊的時候，孩子可能會哭泣、不安，但當照顧者回到身邊時，孩子又能從照顧者的安撫中得到安穩，並能重新探索周遭環境。孩子在成長過程中，得到來自照顧者情感的或安全上的滿足感，所以對自己有自信，也願意尊重和信任他人。

二、**焦慮依附**（anxious attachment）：因照顧者給予孩子的回應反覆不定，而使此類型的孩子感到焦慮、需要安全感；故孩子不確定照顧者是否會滿足自己的需求，在照顧者離開又回來後，孩子雖想靠近卻又將照顧者推開，產生矛盾的內在拉扯。

三、**逃避依附**（avoidant attachment）：此類型的孩子因照顧者不回應、拒絕或冷漠，無法從照顧者身上滿足需求，故孩子也不會主動親近照顧者。

四、紊亂依附（disoriented attachment）：此類型的孩子可能受到照顧者的不當對待，雖本能上會靠近照顧者，但又覺察照顧者可能會傷害他們，孩子無法形成回應親密關係的模式，而呈現紊亂型的依附。

我們就曾眼見孩子因雙親的愛變質了，她查覺到父母之間隱微或明顯的恨意而變得焦慮、失去「安全依附」。在我們的服務經驗裡，爸爸媽媽時常會有一些困惑，例如：「我一個人就能把孩子照顧地好好的，為什麼還需要讓他／她會面？」

然而雙親「離異」對孩子而言，就是依附關係的變動，孩子將會面臨「分離焦慮」；若沒有人關照或與他們討論該如何安放他們對雙親的情感，他們便容易用自我解讀的方式理解親密關係的結束和斷裂，亦可能認為雙親的分離是他們導致的，更影響成年後如何經營親密關係。

第五章中，翔翔的媽媽小慧，因家暴而結束第一段婚姻。在與國輝的婚姻中，因故再一次觸動了小慧敏感的神經和塵封的記憶，只要一點點的風吹草動，都會讓小慧感覺是噩夢重演。於是，小慧想盡辦法阻止國輝和翔翔接觸；對小慧而言，這兩個生命中出現的男人，都只是要來傷害、騷擾她，甚至會將孩子帶走的壞人。

這樣的恐懼是真實的，但也可能有意無意地被放大、再傳遞到孩子的內心，讓孩子對父親感到懼怕、對母親感到抱歉，甚至影響到孩子成年後如何與人建立親密關係，會使得婚姻親密關係中的依附變得困難。

我們從依附對象學得的經驗，有承先啟後的意義，如果孩子從小就累積「難信任他人」的關係，替代性地分擔了成人的「分離焦慮」或「嫉妒與不安」——可能是在幼年、依附關係剛建立時，就種下的苦果——日後需要更大的能量和愛，才能讓孩子對人、對親密關係重新產生正面的感受。

所幸在親子會面協調員的協助之下，國輝親職能力提升，小慧也比較能接受翔翔會和她道別——翔翔根據爸媽的行為反應，察覺就算爸媽離婚了，愛我的人也沒有真正離開，重建了安全依附，能與其所愛之人開心擁抱、開心道別。

一位接受親子會面協調員服務許久的媽媽，直到最後才體認：「如果我的孩子總是聽到她的爸爸是個小人、媽媽是個爛人，她要怎麼接受自己是『爛人與小人的孩子』？我希望我和她的爸爸，能成為她的重要支持，而不是讓她懷疑自我價值的幫兇。」

當孩子確知，即便爸媽離婚了，他仍可以表達對雙親的愛，而不會聽到來自雙方的互相批判，以「依附關係理論」來看，雙親在離婚階段所做的所有努力，都與孩子的現在與未來息息相關。是以在處理離婚階段裡，如何考慮離婚對孩子的影響、如何與對方合作育兒、向孩子說明離婚的決定、乃至如何讓不同年齡層的孩子參與雙親離異的過程，都是重要的議題。

簡言之，依附關係就像是推動人我關係的動力，不同年齡層的依附關係建立與發展也有所不同，這樣的歷程，會從幼年的經驗延伸到人生各個階段。若自幼的依附關係不良，可能導致孩子後天身心、社會交際、或發展親密關係的困難，這也就是為何需要「會面服務」，協助孩子們提高他們的安全依附的原因。

親子會面協調員將焦點關注在「以子女為導向、以孩子為中心」，希望每一個仰望雙親為山河天地的孩子們，都能好好的與世上最美的風景、最美好的父母之愛同在、一同成長。

考慮嬰幼兒的安全依附

對小小孩而言，分離焦慮在每一次的見面交付與分手時，都需要考量周到。在這一層面上，親子會面協調員的專業介入是很有功能的，能客觀地和孩子建立關係，而這樣的「中間人」角色和互動經驗，能給雙親提供好的建議，使雙方漸進地協助孩子進入會面，讓孩子感到安全、大人感到安心。

在進行會面交往之前，孩子大多已經有了各自的依附模式，尊重孩子的特色非常必要。比方說，有些孩子很「黏」，需要體貼他的需要、慢慢分手；有的孩子很「酷」，甚至不太理人，大人千萬別受挫失望，那正是他的依附特色，此時不能太過熱情，與他同步、同調性可能比較適合。有的孩子很「怕生」，用玩具吸引不失為良策，透過間接而漸進的接近和建立關係，能協助孩子穩定、讓大人找到互動的模式。而有的孩子情緒比較紊亂、不穩定，也許是他的先天氣質敏感，也許是家庭和環境的變動帶來他的不安，我們給他更多一點適應時間，和規律化、可預期的會面和環境，幫助孩子熟悉環境和穩定情緒。總的而言，尊重孩子的依附特色，是我們能提供給孩子的最佳禮物。

創傷經驗

在服務經驗中，親子會面協調員也察覺到，有時候父方或母方的「不合作」，並不是出於本意的「阻撓」或「離間」另一方的親子關係，而是因為很多父母在婚姻中、甚至是前一段婚姻的傷痛尚未好好處理⋯⋯。

生而在世，人們往往是帶著傷在生活、創傷的痕跡依然鮮明。當帶著在前幾段關係中受的傷進入婚姻時，起先這些創傷並不會造成影響，然而這些前塵舊傷，可能影響我們如何應對關係中的衝突，也可能消磨了我們對伴侶的感情。

第五章的小慧歷經了兩段婚姻，在第一段與阿忠的婚姻傷痛，確實影響了她與國輝的相處，乃至影響到日後國輝和翔翔建立親子關係的機會。國輝動手打人有錯，但讓小慧拒絕讓國輝接觸翔翔的原因，有很大一部分是奠基在上一段婚姻的苦痛：「我自己前一段婚姻是被家暴而離婚的，費了好大的心力，才把呈呈帶走，給呈呈一個安全的成長環境，我已經看盡了人生百態，所以對人無法信任。」

小慧伴隨著嘆息說出的感慨，道出了創傷如何影響人們與重要他人的依附關係。因為國輝動粗喚醒了她的創傷記憶，她擔心的是國輝會把翔翔從他的身邊帶走，就像阿忠把呈呈帶走一般；前段婚姻的種種，彷彿重影般困擾著小慧。

長期衝突或失去溝通，當事者早已不信任對方，故當孩子需要和對方會面時，呈現出來的就是焦慮或抗拒，畢竟要修補信任瓦解的創傷記憶並非易事。未處理的創傷經驗，在被重新激化之後不單單影響了大人，更影響了孩子的命運，影響他和父親的互動、影響他如何詮釋親子關係及人與人之間的互信關係。

在生命還年輕、還能四處探索和接收新鮮的刺激時，孩子確實不會覺察到失去另一半的父母可能帶來的失落；但當她有一天生命出現了缺口、需要找到源頭，需要了解自己是誰、了解自己和父母的相似與相同，需要去重新相信、整合「自我」之時，他是否能分辨他的生命並非與父母的婚姻綑綁在一起？不需要擔任捍衛父或母的效忠者？他可以是他自己，他可以相信自己最真實的感受，他可以不跟爸爸住一起但仍然喜歡爸爸，可以知道爸爸不喜歡媽媽，但他同時仍可以和媽媽傾吐心事但並不是背棄爸爸。

等孩子也有了親密關係的對象時，他能否從父母不經意轉嫁給孩子的創傷中獨立、分化？能否知道如何好好結束一段關係，或因應衝突／不友善的關係？這都是父母在離異階段，能預先替孩子預備的功課，更是給自己和對方和解的機會。否則，恐怕會有許多的孩子像心心一樣，即便她多麼想要對朋友高呼：「原來我也是有爸爸的！」卻因為訴訟、因為父母雙方堅守的「個人內在邏輯」不同——就如同在各自「時區」生活的兩個人，當父母每天所見的日出日落時間不同，他們分別給與孩子的指令、照顧、關注的重點也會不同——在孩子尚在安頓、理解爸媽的狀況時，就被迫中止接收來自父和母的雙份的愛，她該如何詮釋這樣的生命經驗？

幸好，創傷是可以修復的，傷口雖然會在，但當我們能重新定義傷痕，傷痕就成了我們長出內在力量的根源。

第十章的小豪，在他過往的經驗和媽媽的說法裡，爸爸是不在乎家庭、讓他跟母親落得流離失所的大壞蛋，突然這個壞蛋提出訴訟要見他。「他一直以來都不關心我，現在上了法院才突然說想見我，我真的不知道他是真心的，還是只是做給法官看的，他讓我失望太多次，我怎麼可能再相信他。」

起初，爸爸的遲到、劃錯重點，驗證了小豪對爸爸的失望和媽媽對爸爸的不信任，但在親子會面協調員的協助之下，爸爸開始鬆動，願意調整自己面對小豪的態度，他說：「想不到過去的這些事，小豪都還記得，而且還放在心上。那時候，我只是嗓門大一點、隨口說說，也不是真心覺得他笨；那時候我也是在拚事業，才會臨時爽約，畢竟錢多賺一點，將來可以給他好日子過。想不到小豪這麼在意這些事，你們覺得我要怎麼做好？」

原來過去他眼中的「小事」對小豪來說卻是切身之痛，他的「隨口一說」以及選擇打拚、賺錢的決定，竟讓小豪認為自己不被重視、被拋棄；他才驚覺「關係需要經營，不是理所當然長成的」。爸爸重新練習和小豪相處、更為自己過去的粗心和不在乎向小豪道歉；小豪感受到了爸爸的真誠，發現「爸爸或許沒這麼壞」。爸爸和小豪一起共構的「鬆動」和「釋懷」，讓小豪能夠為過去的傷痕重新命名，找到在爸爸和媽媽之間安身立命的位置。

結語

當衝突趨緩，我們能否試著同理「彼此都在爭執的過程中受了傷」，並能夠站在孩子的立場，避免這樣的創傷延續到下一代。每一位爸爸、媽媽都應該準備好要站在什麼位置，陪伴孩子練習與自己相處的。

親子會面協調員是孩子與雙親複雜關係的見證者，我們觀察到當一個孩子說「討厭」的時候，可能並不是指討厭來探視的父母，我們可以看見孩子心裡頭很細微的糾結是：看到他們在爸爸或媽媽單獨相處時的情感流動。在離異階段的大人，很容易把父、母劃分成為互斥的兩個選項，但是對孩子而言，他可能真的感到抗拒，又真的還是想與探視方好好相處……。

在法院服務的親子會面協調員，冀希透過服務能創造三方都好的會面經驗，再把這樣的成功經驗帶回社區中，讓所有在離異關係中「練等」的爸爸、媽媽或孩子，都能好好表達對彼此的尊重與愛。

在會面交往過程中，也發現有些大人或小孩需要心理專業的協助。有的父母在過去婚姻中留下沉重的陰影，有的甚至觸發了兒時的創傷記憶，因而無法在會面交往中心平氣和；也有兒童或青少年需要專業協助，在繪圖、沙箱或交談中抒發內心深處的情緒，在心理師設置的第三方時空中，心情得到涵容安頓，並澄清他的期望和需求。

適當地使用心理諮商資源，能協助大人和孩子及時處理因為「家庭」留下的壓力創傷，或是在壓力減輕之後，協助三方逐漸接受離異，和孩子在爸爸或媽媽持續會面交往中的身心健康與平安。

第十三章

法院裡的親子會面服務

當父母決定到法院來處理家庭裡的事，可以想見他們平時的互動狀況，不是冷漠相對就是劍拔弩張，要他們心平氣和地好好談，有時是比登天還難。而他們所述說的事件版本，往往也會呈現羅生門的狀況，在這樣的過程中，孩子很難不受到影響與波及。

孩子是一個完整的個體，不像黏土一樣可以揉一揉之後一分為二，所以未來和誰繼續生活，要下這個決定是相當煎熬與為難的，我們看見父母在當中的拉扯、角力、互不相讓，那爭奪的過程就像球賽一樣，因此，我們稱這群孩子為「球球兒」，意思是「這是一群在父母離異的過程中，因著父母無法溝通、合作，使孩子身體、心靈因此受到傷害，或是使孩子難以與其中一方繼續維繫情感」，而法院的親子會面服務，正是希望能在有準備的狀況下，讓孩子與探視方重新建立起親子之間的情感維繫。

從我們的實務經驗中，整理出三種球球兒的樣態：

橄欖球：這在法院裡最常見。父母雙方搶著要孩子，就像橄欖球員死命要從對手那裡拿到球去得分一樣，父母總會想盡辦法挑剔對方沒照顧好孩子的部分，為的是希望因此能爭取到孩子的監護權。

躲避球：父母雙方都不想要照顧孩子，將孩子丟給年邁的（外）祖父母照顧，（外）祖父母捨不得年幼的孫子，但自己又無力照顧，陷入天人交戰的過程，因此來到法院請求協助。

棒球：父母雙方因為訴訟、生活、關係種種的壓力，因不知該如何調適，而將憤怒、不滿的情緒發洩在無力反擊的孩子身上，有時不見得是身體上的責罰，反而是讓孩子在心理上常常處於恐懼、不安的狀態，使孩子無法安心的生活。

法院親子會面的服務步驟

民法一〇五五條提到，當父母協議不成、或協議不利於孩子，以及對孩子未盡保護教養時，相關人等得請求酌定或改定孩子的親權，而法院需以符合「子女的最佳利益」來酌定之；在民法一〇五五之一條更進一步提及何謂子女的最佳利益，除了一些生理、教養的狀況外，第六項更提及「父母之一方是否有妨礙他方對未成年子女權利義務行使負擔之行為」，因此，法院對於探視方和孩子維繫關係是相當在意的。

然而，在實務上的狀況，我們看見的是有時孩子與探視方已有二、三年未見面，探視方和孩子是陌生的；或是過去探視方往往不是主要照顧孩子起居的人，當面對自己單獨要和孩子相處時，不見得知道孩子的需求。因此，為了確保所訂定的會面方式未來是能夠執行的，在專業人員陪同下的試行會面，可說是一項不可或缺的服務。以下針對法院親子會面的服務步驟進行說明。

通常來到法院訴訟的父母大多毫無信任可言，在這樣的狀況下，常需仰賴具有公權力的法官介入，協助兩造暫訂一個會面的試行方式，為確保會面的品質及評估暫訂方式是否適切，就需有團隊來協助執行，並將執行狀況回覆法官，以利最終版的確定。而「親子會面協調員」就是協助執行的團隊，為確保服務的進行與品質，在接到會面案後我們會進行下列的程序。

■階段一：團隊模式的建立

當駐點法院的家事服務中心（後稱中心）收到法官們的轉介表單之後，除了初步向法官了解當事人的案件概況與服務目標之外，為了再次確認父母雙方是否願意接受法院的會面服務，通常中心會先分派兩位社工分別聯繫同住方及探視方（通常是孩子的父母），確認雙方配合意願，這兩位社工即是同住方及探視方的主要服務社工，若雙方均有意願，中心會再派第三位社工（孩子社工）著手進行會面的評估、安排，而其雖會接觸同住方及探視方，但其服務對象仍是以孩子為主要定位。

為了追求服務品質，孩子社工都會再搭配一位外聘的專業人員，其背景可能是社工、臨床或諮商心理師，組成一個會面服務雙人小組（親子會面協調員），若再加上父及母的社工，可稱得上是一個會面服務團隊。

很多當事人在面對法官或訴訟情境時，當下可能都會選擇同意並表現出相當願意配合的態度，但有時父母社工進一步說明與確認時，同住方及探視方才會表達內心真正的不滿或窒礙難行之處，因此有些案件也就會在此階段終結。

■階段二：個別會談——評估是否適合進入會面

一般而言，我們在執行會面之前，會先與同住方及探視方和孩子至少個別會談一次，當然，如果孩子屬於還無法交談的年紀，通常也都會請主要照顧的父親或母親一同帶孩子前來，讓親子會面協調員可以先試著與孩子互動、建立關係，以作為未來會面的基礎。倘若孩子年紀已經可接受與親子會面協調員單獨會談時，親子會面協調員也一定會個別會談以了解孩子對會面的想法，及評估孩子是否適合進入會面服務。

大致上，我們會將服務對象區分為同住方、探視方與孩子，除了分別建立專業關係外，也各有不同的工作內容。開始啟動服務時，親子會面協調員會分別與同住方、探視方簽訂「同意書」，說明服務的內涵與限制，透過澄清及解釋，讓雙方更了解會面，亦可藉此澄清雙方對於會面安排的既定想像。而同住方、探視方、孩子的會談方向列舉如下：

同住方：除了了解家庭的互動狀況外，也會了解以往的會面經驗和困難，如：過去會面的頻率、方式；讓同住方覺得困擾的問題為何；對於會面的安排是否有何期待或擔心等等。希望透過這些會談，讓同住方能稍微放心，此外，亦會透由同住方來了解孩子的狀況、特質與喜好。

探視方：了解過去的會面經驗和困難，如：過去會面的頻率、方式；讓探視方覺得困擾的問題為何；對於會面的安排是否有何期待等等，從中來了解探視方對於親情維繫的想法以及進行相關的親職能力評估。

孩子：年紀較大的孩子，會去了解孩子對於會面的想法、擔心等，與孩子討論因應方式來減緩孩子的焦慮；若年紀較小，則會透過遊戲、陪伴、關注、照顧等方式與孩子建立關係，讓孩子逐步熟稔，對環境可預期、有安全感。

在階段二的個別會談中，因為需鬆動同住方和探視方的認知，亦需給予孩子有足夠的安全感，故通常不是只有單次會談，常是進案一、二個月後才開始第一次會面，除了是高成本的服務，也是個很考驗耐心的過程。

■階段三：期待已久——第一次的會面進行

經過了階段二，可以開始安排會面的進行，親子會面協調員會確認第一次會面的時間及場地，並將訊息通知同住方和探視方。

在會面前，親子會面協調員會提醒同住方「穩定」非常重要；提醒探視方「守時」非常重要，因為雙方是影響第一次會面成功與否的關鍵人物，唯有雙方的角色到位，才有可能以孩子利益為優先考量。

在執行上，多半第一次會請同住方提早半小時帶孩子來，當天視孩子狀況，評估是否需同住方與親子會面協調員陪同孩子一起進入會面室，親子會面協調員於會面室與孩子進行暖場，待孩子較安心且同意後，同住方會離開會面室，會面結束後再從中心將孩子帶回。

而探視方會先在親子會面協調員指定的地方等候，待孩子暖場、同住方離開後，其中一名親子會面協調員會協助將探視方帶至會面室與孩子進行會面。

會面結束後，親子會面協調員會帶孩子回到中心，將孩子交付予同住方，並約略說明會面狀況，會將焦點放在孩子進行了哪些遊戲，針對孩子的長處、優點予以回饋，並肯定同住方平時對於孩子照顧的用心。

待同住方與孩子離開後，親子會面協調員會再回到會面室與探視方會談，會請探視方針對第一次的會面進行分享，親子會面協調員會將會面中探視方做得好的或需要調整的部分，具體點出並給予回饋，再討論之後安排是否需要調整。

■階段四：後續會面進行的層次

●層次一：全程陪伴的會面進行

在親子會面服務初期，親子會面協調員都會先以在法院內遊戲室為開始，包括先幫孩子暖場，然後再邀請探視方進入遊戲室，此時若會面情形均大致穩定時，往往親子會面協調員也會利用同住方等候的時間，由其中一人與同住方會談，另一人則負責繼續執行會面，目的是除了提供同住方情緒支持之外，也持續為下一次的會面作準備，因為親子會面協調員知道，只有同住方願意配合，會面服務才有繼續執行下去的可能。

在會面初期，通常為了讓會面程序可以順利進行，也避免孩子同時見到同住方和探視方可能有的忠誠議題或情緒起伏，我們會預留空間讓同住方可以等候，並利用約定時間的交錯，讓雙方盡可能彼此不用碰面，以利會面進行。

●層次二：部分接軌的會面進行

能進行到這個層次，代表同住方、探視方、孩子三方對於會面已累積不少經驗，會面的模式也逐漸穩定下來，為了可以往下一個階段邁進，親子會面協調員會開始安排同住方和探視方於會面時碰面，先由同住方將孩子交付給探視方，由探視方帶著孩子離開進行會面。會面結束時，探視方帶孩子回到指定地點，於親子會面協調員的見證下，將孩子交付給同住方，由同住方帶著孩子離開，期待雙方學習如何在不衝突的狀況下把孩子交給對方，讓孩子可以在同住方與探視方的合作下會面。

此外，親子會面協調員會觀察交付的狀況，肯定同住方和探視方做得好的地方，以及需要調整的地方，亦會以孩子的角度去向雙方說明，當雙方同時出現時，孩子的世界裡可能有哪些畫面、想像及擔心，用這樣的過程來提升同住方和探視方對於孩子的了解與認識，進而涵容孩子的情緒，讓孩子過去面對雙方同時出現的壓力經驗能重新修正，以利幫助孩子的大腦發展。

●層次三：法院會面到社區會面

通常在評估孩子與探視方的會面模式已經大致穩定後，親子會面協調員會開始與同住方和探視方討論進入社區會面的時間與方式，多半先從法院附近的地點開始，或是針對孩子的年紀，至餐廳或兒童樂園等，一方面藉此模擬未來實際交付的情形，另一方面也可以藉此讓親子會面協調員更了解過去在自行會面時所遭遇的困難。

社區會面的初期，親子會面協調員仍會於社區陪同進行交付，一方面減緩雙方的衝突，另一方面可實際觀察探視方的親職能力，是否能順利將孩子帶離。數次後，親子會面協調員的角色會漸漸抽離，在旁觀察，直至親子會面協調員不需在場陪同交付後，才算是真正進入社區自行會面的層次。

■階段五：會面期間的跟進

在每次會面結束後，通常親子會面協調員會依實際的狀況進行追蹤，有可能是會面結束當下立刻個別會談，或是後續透過電話進行追蹤，來了解會面後三方的狀態，蒐集這些資訊，都是為了後續會面安排程序的評估。

針對同住方和孩子方面，親子會面協調員會肯定同住方的配合，亦會關心孩子返家後的情緒、反應，以及從過程中了解同住方在會面後如何和孩子互動、相處，通常此時同住方會有許多的情緒、抱怨，親子會面協調員會嘗試理解、安撫，說明孩子內心世界可能有的想像與畫面，若評估同住方需要個別的關懷，亦會將相關訊息轉知同住方社工，由同住方社工關心、安撫。此外，也會從同住方那裡來了解孩子會面後的情緒反應，並說明普遍孩子在接觸新的、不穩定的狀況下可能有的狀況，減緩同住方的焦慮與擔憂。

至於探視方方面，若在會面後可直接會談，就會將會面時觀察到的互動狀況回饋給探視方，會肯定探視方的能力，若需調整、加強的，亦會向探視方說明，並討論下次可能可以進行的方式為何。

在執行會面服務期間，由於親子會面協調員會較頻繁地與同住方和探視方接觸，因此也更能掌握雙方在面對會面的狀態，若親子會面協調員評估同住方和探視方有個別或是共同需求時，親子會面協調員會再與雙方各自的社工討論是否適合引入相關資源。例如：建議參加中心的親職教育講座或是進行個別諮商甚至婚姻諮商等，另外當然也是需要社工不斷地提供情緒支持，以協助雙方面對會面歷程的複雜心境。

■階段六：結束後的追蹤

若是會面服務順利走到自行會面而結案時，親子會面協調員雖然不再實際執行，但仍會以電話追蹤一段時間，以了解同住方及探視方在社區自行會面的狀況與是否遭遇困難，同時也儘可能協助雙方調整或面對紛爭的處理。當然，如果雙方同時都認為有需要再接受服務，當然也可以再次求助。

親子會面協調員與網絡角色

每一次法院會面服務的開啟與執行，往往是有諸多專業網絡人員一起的投入才能促成，例如法官、親子會面協調員、調解委員、心理師等，也因為大家願意嘗試與合作，才有機會讓法院會面服務能產生最大的效益與得到最美好的結果，因此針對會面安排會接觸到的角色，逐一進行說明。

法官：法院會面服務通常是由法官轉介而來，法官是啟動會面服務的關鍵，法官會視其審理狀況或開庭／調解目標，與親子會面協調員合作，通常法官會不定期地追蹤，或由親子會面協調員主動向法官回覆會面服務概況並提供專業評估，以利確認未來會面的頻率與方式。

親子會面協調員：通常由家事服務中心的社工人員搭配外聘心理師或社工督導共同擔任，負責會面服務的前、中、後的行政、網絡聯繫，包括與探視方、同住方、法官等人員的討論，同時也負責執行會面服務。

調解委員：為法院專業人員之一，主要是在法院調解程序中，以中立第三者的角色，協助當事人找出彼此均可接受的方案與共識，以節省訟累；而目前家事事件中，少數事件（如保護令）除外，絕大多數均須經過強制調解程序，故當事人幾乎都必須要進行調解，因此當調解委員在調解期間，若發現當事人有親子會面上的議題，而影響調解的可能性時，也會自行評估適切性後，委請法官轉介至服務中心提供會面服務。

心理師：在提供法院會面服務期間，若親子會面協調員評估其中一方或雙方有個人或互動溝通議題時，親子會面協調員也會將訊息轉知同住方或探視方之社工，評估是否協助轉介個別或聯合諮商資源，而此時的轉介目標通常有別於僅單純個人議題的處遇，而是會以鬆動過往緊張的婚姻關係，學習新的互動模式，讓父母能在合作父母能力上，有所提升為主。

第十四章

親子會面協調員的角色與處境

我們期待透過專業的會面服務，創造三方都感到正向的會面經驗，包括讓雙方產生現實感、盡量降低焦慮、與雙方仍維繫親情，達成三者都有預備的經驗，也希冀三方至少有一次成功的會面經驗，讓三方依序這個經驗走回社區、獨立會面；同時，我們也期待把服務歷程作為倡議的工具，將實務中遇到的實際困難回饋給法官。

親子會面協調員的角色

然而現實卻不是這麼容易，從本書訴說的故事中，可以看見雖然會面的時數不多，卻讓同住方、探視方以及孩子都如臨大敵：

「……爸爸媽媽離婚後，孩子就跟著某一方生活，不一定能得到他方探視，經驗著老死不相往來的親子分離。即使孩子成年後偷偷與另一方見面，還是要裝作『沒有這回事』地持續過日子……」

「照約定每個月隔周與孩子會面兩次，一次兩小時，換算一個月四小時、一年四十八小時是兩個整天，十年下來少於一個月。」

在這樣的過程中，親子會面協調員究竟擔任什麼角色呢？

■在進案階段

當一個案件進入法院會面進案時，親子會面協調員的工作便啟動了。親子會面協調員第一步便須評估案件是否適合進案，評估的內容包括這個家庭的安全議題（例如去了解這個案件牽涉家暴、兒虐或性侵害的情形）、雙親的親職能力如何，又需要提升哪些親子技巧、孩子迄今的身心狀態、雙方是否有意願進行會面等等。

在預工階段，親子會面協調員會與同住方或探視方進行個別或聯合的會談，此時，親子會面協調員會試著了解同住方不放心讓探視方會面的焦慮或無奈，也釐清探視方對子女會面的想法與困境，並在此之中擔任促進者、教育者和安撫者，幫助探視方和孩子預備探視所需技巧或心態，也會對探視方進行教育：如說明「合作父母」觀點及如此合作對三方、對孩子的正面影響及演練。

此外，親子會面協調員也需事先安撫同住方的焦慮，同時肯定同住方願意示範給孩子，與分離的伴侶除了「怨恨」之外，還有其他互動模式，試圖強化同住方對服務和親子會面協調員的信任。

在準備會面的過程中，透過親子會面協調員的陪伴、協助，不論是探視方、同住方，以及孩子都能漸漸對「會面」更有「現實感」。

舉例而言，部分探視方認為會面只是看看小孩，並沒有很難，認為：「他是我的小孩，永遠都是我的小孩」，直到單獨和孩子互動時，才會發現未能與孩子相處的那段空白期，確實需要一些破冰和暖身的技巧才能化解隔閡。

親子會面協調員為了促進順暢的會面，將事先與三方（主要為雙親）說明並預演在實際會面時可能會遇到的困難，並陪伴當事人度過會面磨合期的歷程，希望藉此產出正向的親情維繫經驗。

■在進入會面階段

接下來，進入會面階段時，初期親子會面協調員擔任教育者、示範者、孩子的陪伴者的色彩較為明顯；但會面進入工作階段後，則更偏向觀察者或倡議者。

在實務經驗中，親子會面協調員花了許多時間「示範」與人互動與建立關係的技巧：不論是對於同住方、探視方，或是孩子而言，與他人產生良好互動和連結的信心，是能更順暢地會面的養分；親子會面協調員時常會透過口語、訊息示範如何與孩子、或與對方互動，親子會面協調員也會教育父母及孩子，如何有效地表達、處理關係。

此外，親子會面協調員也會在會面時觀察親子互動，事後與探視方或同住方討論，了解各自親職的想法，親子會面協調員會分別教育父母及孩子互動的技巧，以提升照顧、安撫孩子的能力。譬如提醒探視方，會面並不只陪孩子「玩」，也需要在此過程中「承擔」身為「母親」或「父親」的親職角色；或者制止同住方過多的臆測或探詢，教育同住方雙方的任何語言或行為，都會使孩子陷於向其中一方父或母「輸誠」的兩難，而這對孩子而言是莫大的壓力。

親子會面協調員彷彿是會面的媒介，為這個家庭的大人和小孩都做了準備，期待能使同住方放心，也讓孩子信任親子會面協調員；如同第八章中的小樂，她願意坦承地告訴親子會面協調員她在會面時的矛盾情緒，和察覺到父母衝突有多深刻，讓親子會面協調會更能了解她經歷過了什麼。親子會面協調員在此也是孩子的陪伴者，成為她／他安定的力量，讓孩子知道，當他從同住方身邊走到探視方身邊時，他還可以向相對中立的第三方——親子會面協調員，表達他真實的需要；親子會面協調員同時也是同住方、探視方之間的緩衝，協助疏通彼此溝通和理解的障礙。

■在工作階段：持續且動態地角色轉換

進入工作階段後，親子會面協調員必須持續擔任評估者和回饋者與倡議者。若會面順利進行，親子會面協調員必須在過程中隨時觀察並評估案件未來的走向，是要持續在法院會面？或者協助家庭逐漸回到社區自行會面？

此時也是親子會面協調員能與法官合作的最佳時刻，因為親子會面協調員在現場觀察了三方立體而實際互動的狀況，使親子會面協調員能將更立體的評估資訊回饋給法院*。這樣的回饋機制，也將啟動「接棒」的效果：親子會面協調員與三方訂妥的會面原則，在後續正式進入調解或法官裁定暫時處分時，可成為相關專業人員訂定協議、討論和評估的基礎。此外，親子會面協調員亦可與法官協商調解／裁判的速度，以增加與家庭工作的時間與動力：如請法官調整調解、開庭或裁定會面的方式與頻率等。

而在此階段，親子會面協調員也需要成為同住方或探視方情緒的支持與梳理者。促成會面的重要因素之一，即是同住方的寬心與配合；當親子會面協調員能看見同住方在婚姻歷程中帶來的傷，安撫同住方的傷痛之後，再以孩子倡議者、親職角色支持者的身份提醒受傷的「妻子」或「丈夫」仍有善待孩子的「父親」或「母親」的任務，往往能協助同住方微調看待會面的角度。

親子會面協調員透過眾多故事中體會到的是：很多時候同住方不是刻意要去阻撓，實因很多同住方在婚姻中的傷都還沒有處理好，他呈現出來的就是當孩子和對方接觸時的焦慮。這個焦慮有很多很多的層次，一言難以蔽之。

親子會面協調員試圖把這個焦慮降低，也從這種「個人化」（身為「妻子」或「丈夫」）的焦慮，轉到「父母」的角色去看待這件事情，所以親子會面協調員並非全然的支持者，仍有孩子倡議者的角色，期待大人多出一個視角，看到孩子也會需要另外一方——不管是母親或父親——的存在與疼愛。

此外，在此階段親子會面協調員更著重於協調、會面工作，了解並提醒雙方會面的規定，透過溝通技巧以避免雙方落入既往的衝突：在實務工作中發現，同住方和探視方對彼此不信任程度很高（譬如認為探視方是刻意拖延，同住方一味地阻撓）。此時親子會面協調員會依據過往服務經驗，說明在會面過程中偶爾的時間差是當下照顧孩子的那一方常見的現象，並不是對方刻意針對自己，成為類似「消毒」或「防火牆」的存在。

有時探視方會帶著他過往感到有連結的遊戲或玩具來探視，想表達他的關心孩子的表現，但同住方可能會認為不適合甚至過度詮釋這些舉動，此時就需要親子會面協調員擔任「翻譯者」，讓他們知道訴訟機制會促使雙方更爭鋒相對，但實際上並不需要如此

＊這些評估會在保密原則及安全的前提之下運用。

怨懟，而是尊重孩子可能也有自己的想法和感受。

■結案階段

在法院會面的最後階段，親子會面協調員會評估案件狀況，並追蹤和轉銜服務，希冀三方能帶著親子會面協調員協助的成功會面經驗，進入社區自行會面。

親子會面協調員是孩子與雙親複雜關係的見證者，相較於社區福利機構的會面服務，更能與法官溝通、倡議，反映家庭受苦的狀況與所需要的協助。

比方說第八章的小樂和第六章的琳琳的故事，我們看到當孩子說「討厭」，並不是真的討厭探視方，親子會面協調員會更深層地去看見他心裡頭很細微的糾結是什麼、看到情感流動；因為父或母都很容易成為二分法的選項，但是對孩子而言，他可能真的有點抗拒，又真的有點想與探視方相處，這些幽微的內心起伏，是需要很貼近的親子會面協調員才能看見的。

當我們帶孩子從同住方那裡走到探視方那裡，再從探視方那裡走回同住方，我們看見孩子的臉和命*是一直替換的。當同住方對探視方的態度是不屑時，孩子可以馬上與同住方同步、冷漠以待，但明明剛剛跟探視方玩得這麼好……。這樣愛恨交織、夾在中間的感覺，都體現在孩子的情緒和表情上，連身為大人的親子會面協調員都感到揪心！因為親情並不是把照顧者或監護人二分後就可以的處理的議題呀！曾經有孩子這麼說：「好想把自己撕成兩半，一半給爸爸，一半給媽媽。」這是多麼辛酸的無奈啊！

上述親子會面協調員的角色，反映出來的是這項服務的價值：為了達到更理想的會面和相處關係，除了會面前的預工、會面中的介入、觀察及再評估之外，親子會面協調員也會在每一次會面結束後追蹤同住方孩子返家後的狀況，而同住方又可以透過什麼方式或某種儀式（如給予孩子一個獨立的空間，讓他可以自在擺放探視方贈送的禮物等），協助孩子在雙方的愛中成長。

親子會面協調員的處境

■會面時間有如賓果一樣難

會面的執行，需要同住方、探視方、孩子、親子會面協調員等各方人員都可以的時

＊此指玩遊戲時，一場遊戲有幾次復活的機會、有幾條「命」的概念；「換命」的概念則指如遊戲若敗陣，還可與仍在場上的朋友「換命」，替換後再重新進入遊戲。

間，特別當每一個人的時間都很滿時，這就會像是一個「不可能任務」，就像在填寫數字空格，不知道何時可以連成一線、達成賓果。而且在與雙方分別通話時很難僅有「敲時間」這件事，雙方都很可能一併抱怨對方的狀況，或對於親子會面協調員的服務會有很多的好奇與心聲。

大一點孩子因為也有上課或自己的行程，約時間時也需要納入考量；即使各方人員時間都可以，還要預約法院會面的場地，這些都在在考驗親子會面協調員的協調能力與對會面服務的堅持。

曾有個案例是媽媽只願提供一個她可以的時間，而且不等親子會面協調員確認就自行認為會面就是當天，當親子會面協調員希望她能再多提供幾個時間，媽媽就頗有微詞，抱怨這個服務造成困擾等等。然而，親子會面協調員也需考量時間安排對父親、孩子的影響，任一方「勉強配合」的會面時間，都可能導致不快樂的會面結果。

■天人交戰的簽名

簽署同意書是啟動服務的正式流程，規範彼此的角色與責任，有可為與不可為之處。但簽署過程，光光是諮詢、解答、澄清就需要許多時間才有辦法完成，有些父母看完同意書也同意使用會面服務，但就是不要簽名，原因與理由百百種，如：「你們信任我，就不需要簽名」「你們說的我都知道，所以可以不用簽」「對方有簽名嗎，要給我看，對方有簽我才要簽」「會面沒這麼困難，是社工搞複雜了」等等，光是簽名就有不少的挑戰。

親子會面協調員理解這些白紙黑字造成的壓力和抗拒，然而這樣的契約也是對使用服務者最直接的保證與保障：保證能遵守約定，也保障三方的權益不會被漠視。

■一分鐘都不能遲

準時會面是會面順利很重要的元素，但是即使在親子會面協調員陪同的會面現場，也常會發生一方不準時出現的狀況。曾經有案例，同住方無故遲到五十分鐘，親子會面協調員除了要不斷電話聯繫了解為何沒有出現，還需要安撫探視方看不到孩子的情緒；也曾發生探視方大遲到，最後只有三十分鐘的會面，卻不高興會面時間太短，把氣發在親子會面協調員身上。

親子會面協調員理解在會面過程中有突發狀況因而耽擱的苦衷，也理解「若有一方遲到，對準時的人而言然都是懲罰」的感受。親子會面協調員關心的，是在遲到的過程中，同住方和探視方如何協調、處理；亦將「遵守規範」和「具備彈性」的程度，作為評估三方互動關係品質之因素。

■禮物、食物、慶祝

會面中哪些「禮物」可以送、哪些「食物」可以吃，看起來議題雖小，但都可能成為親子會面協調員需要關注的大議題。

曾有同住方要求會面時探視方送的禮物，不可以有昆蟲或暗色的東西，要求贈物均要能傳達「正向陽光」的訊息，要有學習性的東西，不然就不可以送。也會有同住方要求孩子點心一定不能吃糖果、巧克力、餅乾等，接近用餐時間，也需遵守僅能讓孩子吃水果的原則。

也曾遇過同住方要求會面中探視方僅可以與孩子吃生日蛋糕、不可以一起吹蠟燭，這些眉眉角角的細節，親子會面協調員如果沒有預先處理或澄清，都可能會造成孩子的為難與辛苦，也會加深父母間的誤會和敵意。

當然，親子會面協調員會先評估一方要求是否為「合理要求」或是「過分刁難」「適當照顧」，或是「過了頭的情感餵養」，若父或母不斷抵制他方的探視與關懷，親子會面協調員也須介入處理與協調。

■一方違規時

會面中的規則，親子會面協調員都會在會面前向父母說明，但常發生父母不遵守規則的狀況。例如，為了讓孩子先與探視方熟悉，親子會面協調員請探視方第一次不要帶家人來一起會面，但探視方還是帶了一群家人來，孩子一看到一群人，立刻說不要見面。也有跟探視方說探視過程中不要給孩子吃甜食，但探視方仍然偷偷帶來，孩子看到當然很想吃，但結束後同住方很不高興，覺得探視方是故意破壞同住方與孩子建立的規矩。這些違規狀況，都讓會面變得很複雜與不順利，對來會面的孩子也會造成較負面的影響。

■提心吊膽的各種情況

很多時候探視方都會說自己沒問題，一定可以跟孩子有好互動，但是一見面除了跟孩子打招呼、不斷說很想孩子，就沒有其他因應方式，讓整個場面很尷尬。親子會面協調員需要擔任催化劑，甚至示範如何以適合孩子年齡的方式與孩子建立關係、玩遊戲。

此外，碰到小小孩，有些探視方不知道怎麼幫忙孩子如廁，或是當孩子尿褲子時，也不知道要怎麼更換尿布，親子會面協調員必須立即轉換成親職指導員。另外，碰到大小孩不願會面，親子會面協調員需視狀況分別與孩子、探視方會談，一方面了解孩子的想法、擔心，一方面安撫探視方的情緒。

■會面地點費思量

會面若能進行到社區會面，雖然是更貼近未來實際會面狀況，但離開法院遊戲室，親子會面協調員需要考量的點就更多。單單喬地點這件事，就可能讓探視方與同住方吵不停。例如，同住方一開始說只要孩子同意他都好，但之後又有很多意見，像是「不可以太熱、不要太遠、最好到圖書館」等等。也有探視方對於會面地點不願花心思思考，一味詢問親子會面協調員建議地點。也發生過原本會面過程中探視方與孩子討論社區會面地點時，孩子很高興，但告知同住方後，同住方硬要在孩子面前數落探視方，表示「過去就有跟你媽說可以帶你去那裡，但她不同意，她才沒有真的想帶你去」，增添了孩子矛盾的感受與心情。

■當天花費誰支付

社區探視產生的費用，一般來說會由探視方支付，但許多時候交通費、餐費、門票由誰支付，也會是雙方爭吵來源。例如，有探視方認為自己已經付了扶養費，外出也都應由同住方支應，或者認為出去玩花錢就是要一人一半，甚至有探視方不想跟同住方拿錢，要求親子會面協調員開口，還交代不可以說是他要求的等等。

因為從法院銜接到社區最重的一環，便是雙方有能力處理會面的種種瑣事，故親子會面協調員可與同住方討論對於會面地點的期待，也可與探視方討論適合的會面地點，但親子會面協調員並無法成為雙方的仲裁者或直接給予指令。

■搶奪發生時

若案件有搶奪風險，確保孩子能夠安全回到同住方身邊，是親子會面協調員最在意的。每一個進入社區會面的案件，都需要經過團隊評估風險，但仍然發生曾經有探視方在社區會面過程，蓄意將孩子帶走不帶回，親子會面協調員除了需要立即追蹤孩子的安全狀況，還需協助同住方處理相關法律流程。

■孩子行為異常被歸因都是會面造成的

當孩子剛開始上學時，多數會有焦慮、不安的狀況，如同當大人轉換工作時，也可能有不適應狀況，但是我們面對這些狀況，處理方式不會是要孩子不要上學、要大人不要工作。但親子會面協調員常聽見同住方在會面後表示「孩子會夜哭」「孩子變得很沉默」「孩子變得很沒安全感，一直要討抱」等狀況，接著就是說「這是會面造成的影響或傷害，是不是不要會面比較好！」孩子轉換生活環境本身就是個刺激，更需要家長陪伴他適應。

■只站在自己的角度與立場

在自行會面階段，親子會面協調員常聽見這些狀況，探視方說：「我覺得我和孩子相處沒問題，我應該可以馬上再增加、延長探視時間。」同住方說：「孩子要複習功課，所以探視只能周五晚上到周六下午。」雙方都說：「公平起見，我們時間一定要一人一半，週一到週三在我這、四到週六到他那，週日輪流。」等等，這些情形所看到的，就是只在自己（大人）的立場，似乎沒有想過這過程中，孩子的感受如何？好不容易有些適應、穩定，又要立即再變化？時間切割會不會讓孩子變得很奔波？孩子感受是如何？只要多從孩子的角度出發，就能有更多的討論空間，而不只有選擇同住方或探視方的二選題。

■一切都被放大檢視

在自行會面交付時，親子會面協調員曾聽到同住方反應「那天孩子明明就一直往後退了，對方還繼續往前，難道他不知道讓孩子很害怕嗎？」「他要帶孩子去動物園，竟然沒有幫孩子擦防曬」「他都沒有提醒孩子要上廁所，害孩子尿濕褲子」，探視方並非主要照顧孩子的人，常常無法留意到細節，是需要同住方的幫忙或提醒，否則最吃虧、最受傷的還是孩子。

但因為兩造的關係並不融洽，能主動提醒，或能接受被提醒的父母實在不多，只能透過事後親子會面協調員的關心，向同住方了解狀況，再指導探視方下次可以怎麼做。

不過每個孩子的氣質、狀況都不一樣，親子會面協調員的指導是否能貼近自己的孩子，又是另一回事了，畢竟最理解孩子的是孩子的雙親啊！若雙親無法合作，孩子的需求被迫延後，對所有人都不是好事。

附錄一

對方是不適任的父母，還需要合作嗎？

閱讀本書至此，讀者一定能夠理解合作父母的本意是期許父母在無法維繫婚姻之時，仍能維持親情，也能夠滿足父母探望孩子和孩子擁有父母的需要。合作父母的概念絕非是作為箝制他人或報復對方的工具，而是要讓孩子們在面對父母的分開時，依然可以保有與父母雙方的連結與關愛。

而這樣的觀點，在實務上也會遇到挑戰或質疑的時候，就像會有少數的父母質疑說，可是對方明明就是一個爛人或是不適任的父母，為什麼孩子還需要與這樣的人會面？對方只會給孩子帶來不好的榜樣，或是不好的教養，影響他的人格發展……或是對方有諸多錯誤的價值觀、不好的行為習慣時，該怎麼辦？

但平心而論，所謂的「不適任」是如何和該由誰來認定呢？如果對方有明確的精神疾病或暴力，那是另當別論，需要特例處理或是在會面交往的陪同、監督上加以考量。如果只是在教養上或價值觀上的不同，這是每個家庭都會面臨到的課題，相信大部分的父母都需要面對「教養觀念不一致」的挑戰。

「不同」不一定是不好。孩子擁有態度迥然不同的爸爸和媽媽，其實無傷大雅，能在差異中相互尊重、不批評是一件好事。如果只是雙方的教養方式不同，就必須讓孩子承擔無法會面的結果，對孩子而言，似乎是太沉重與殘忍了。

如果對方的不適任行為，表現出來的是對孩子完全漠不關心，沒有主動要與孩子會面的行動或意願，在這樣狀況下，老實說，如果我們做不到邀約或無法成功地鼓勵對方與孩子會面並保持連結，我們都知道這只能接受。而且，我們可能更需要做的是，協助孩子面對無法與另一方連結的失落感，和減輕受傷的感覺，讓孩子不要誤以為是自己沒有價值。

根據我們的經驗，我們大多看到的狀況是：父母們彼此都認為對方不適任，又都還是得面對會面的課題時，煩惱於應該如何因應。

我們都深知，不論孩子的年紀大或小，孩子其實是清楚父母之間的緊張關係的，只是孩子有沒有辦法解決這樣的情勢，甚至會因捲入父母的對立或權力的角力之中而陷入痛苦。

我們絕對能夠同理也心疼少數父母，必須面對另一方不斷假借合作父母名義或是不願意善意溝通，而衍生諸多不合理或不友善行為，達到干擾他人生活的目的。但我們也相信，如果在父母找到支撐或被支撐的狀況下，還是可以回到孩子的角度，體會孩子希望與另一方維持怎麼樣的親子關係。有時候這個決定權是可以交還孩子，讓孩子慢慢摸索的。

我們不會天真地以為天下沒有不是的父母，但也不會因此就自行幫孩子決定他和另一方的關係，如果你現在正面對的是一個難以合作的另一方，有幾點提醒供您參考：

一、首先，也是最重要的就是把自己照顧好，找到或建立自己的支持來源。我們知道這很可能會是一個長期抗戰，我們都是人不是神，如果沒有先穩固自己，孩子的需求也很難被長期地照顧到。

二、相信自己，對自己有信心。如果我們能懂得孩子需要也願意把孩子的需求放在心中，孩子受到我們的影響絕對會是更為深遠的。

三、孩子無法選擇父母，但可以決定維持什麼樣的關係或距離。比起充滿指責攻擊仇恨等負向情緒的大人，相信孩子更喜歡靠近平和溫暖正向的大人，努力成為這樣的大人吧！

四、慎用「不適任」這樣標籤化的字眼。如果有不滿之處，不如描述對方的具體行為態度，例如服裝方式、儀容整潔、說話習慣，跟小小孩來往方式等；不要人身攻擊，卻可建議對方在會面時，在孩子面前注意行徑。親子會面協調員也會客觀地提醒的。

五、即使過去來往的經驗讓你真的認為對方是個十惡不赦之人，也請記得對事不對人，婚姻關係和親子關係是兩件事。沒有善待自己的前配偶，在親職角色上或許仍可以呈現完全不同的面貌。

六、就如同我們無法時時刻刻保護孩子，或幫孩子擋下所有人生路上面臨的風險或挑戰，但我們卻可以陪伴或是協助孩子面對，讓孩子學會理性地判斷行為而不是否定人的價值。

附錄二

當有新戀情時

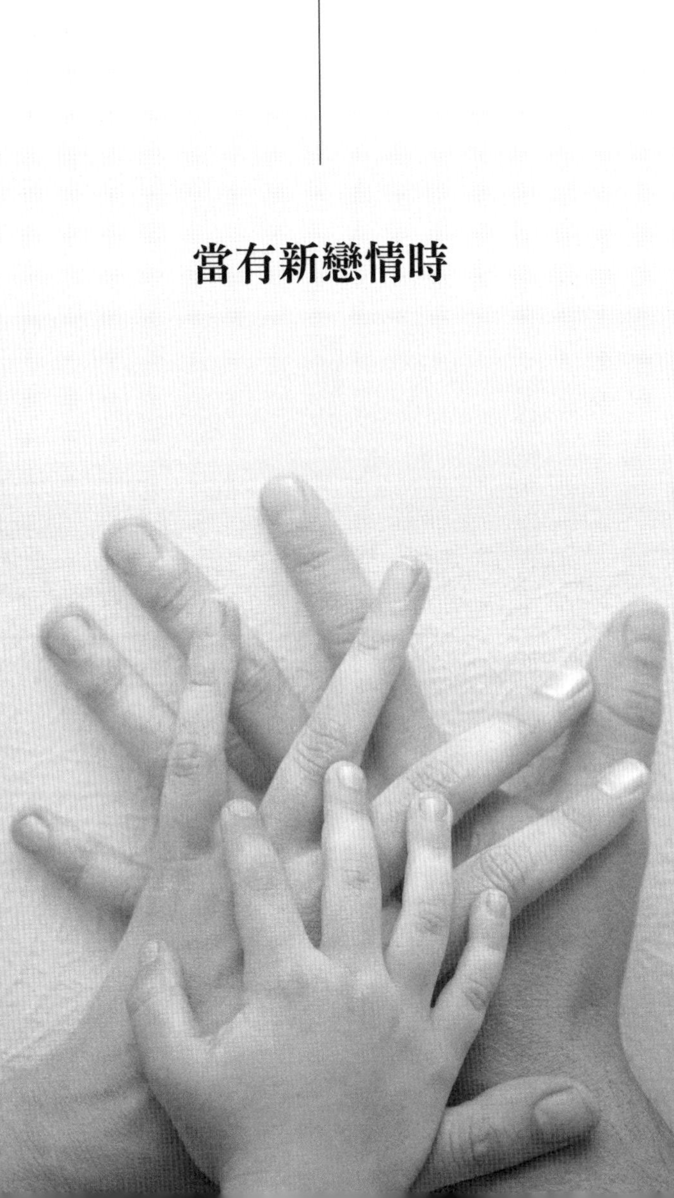

離婚家庭到某一階段，可能經歷父母有新戀情、甚至再婚狀況，如何幫助孩子適應改變後的新生活、調適心情，下面提供一些參考原則。

當前伴侶有新戀情

離婚後，不論你與前伴侶是誰決定要結束關係，聽到前伴侶有新戀情會有複雜情緒是很正常的，但是仍要提醒你們現在要關注的是父母與子女關係，而非夫妻關係，你要幫助你的孩子適應這個新變化。

例如，如果孩子說「討厭爸爸的新女友」，先同理孩子的想法，並帶著好奇去和孩子談話。有時候孩子說討厭，其實可能只是跟她共處一室的不自在、或是怕爸爸陪自己的時間變少、或是怕你不高興。給予孩子充分的安全感與機會，可以說出自己的感受與擔心、期待，是重要的。

如果你與前伴侶是可以溝通的、彼此都用就事論事的方式處理事情，就一起幫助孩子知道，爸爸、媽媽離婚後不會再一起了，而且可能會有各自交往的對象，即使爸爸、媽媽有了新伴侶，這是伴侶之間的愛，不會影響父母對孩子的關愛。如果孩子擔心你的心情，告訴孩子這是大人的事情，不是孩子的責任。

當你有新戀情時

如果你有新戀情，可以等到關係比較確定、穩定再向孩子介紹，以避免孩子需要常常適應新對象而感到不知所措。但是要注意孩子通常也會敏感到父母的生活變動，如果發現孩子已經觀察到，也可以主動詢問孩子的感受、想法與擔心。

當你希望新伴侶與孩子建立關係時，記得要緩步前進，不要匆促，可能一開始只是短暫見面、一起玩半天或吃個飯，再逐步增加相處時間。與新伴侶相處後，你也要有機會多陪伴孩子，關心孩子的心情與適應程度。

孩子不見得會表現出喜歡你的新伴侶，有一部分原因是，即使他知道爸爸媽媽已經離婚了，他還是會希望有一天爸媽會復和，因此當你有新戀情、甚至要再婚，孩子需要時間消化與哀悼他的失落；或者孩子會擔心，若表現出喜歡你的新伴侶，是不是就對於前伴侶不忠。你可以仔細聆聽他的想法，不要強迫他一定要馬上接受或與新伴侶和樂融融，讓孩子以自己的步調去適應變化，或者跟孩子討論可以用不同的稱呼，例如「爸爸」「爸比」來區隔。不要忘記，要再三跟孩子保證新伴侶不會取代你對他的愛。

如果你與孩子已經分開一段時間，重新會面時，建議你與孩子先個別恢復熟悉感，不要一下子就加入新伴侶。試想，如果孩子與你有一段時間沒有見面，本來就需要一些時間重新恢復連結，如果同時加入新伴侶，會增加孩子的負荷。

當孩子與你已經重新建立良好關係，再循序漸進幫助孩子與新伴侶相處，這時候因為你與孩子有一定的信任基礎，孩子也才能向你說出他的心情或擔心。務必記得，最優先與重要的是孩子與你的連結，而非孩子與你新伴侶的連結。

附錄三

如何跟孩子說我們離婚了

每一對父母在處理婚姻問題時，對於要不要讓孩子知道大致可區分為「怒吼式宣洩」和「缺陷美隱瞞」，以下簡單說明這二種的差異：

「怒吼式宣洩」：父母不避諱在孩子面前發生爭執、衝突，甚至會拉孩子一起加入父母衝突的戰場，如「小華，你要跟誰住？」

「缺陷美隱瞞」：在孩子面前不爭吵、未有衝突發生，但父母間的互動少、疏遠，讓孩子處於無言的壓力中。

不管是哪一種形式的父母，都無法否定他們愛孩子的心，甚至不希望讓孩子受到任何傷害。然而，為了避免讓孩子處於緊張、衝突及壓力之下，父母不需要完全對孩子隱匿婚姻問題，反而可以透過大人間的問題，讓孩子知道家庭總會有低潮、困難的時候，並且學會同理及解決問題的方法。如果您跟前配偶都同意讓孩子知道離婚這件事情，那需要準備什麼呢？

■誰需要參與

——溝通時，若父母都在通常是對孩子較無壓力的。但如果父母間的衝突已經非常激烈，誰也不願與對方同處一個空間時，由一方單獨與孩子說明也是可行的。

——不同年齡層的孩子需求不同，如果孩子的年紀差距大，最好與他們分別說明。

■準備一份親職照顧計畫

內容包含父母將會分別住哪？孩子要住哪？寵物要住哪？孩子需要轉學嗎？什麼時候可以看到爸爸／媽媽？

■何時說，以及在哪裡溝通

——父母的身體及情緒都是穩定、準備好的。

——父母及孩子都處於精神狀況良好時，避免於半夜、凌晨。

——孩子能夠專注的時候，而非其正在生病或飢餓等狀態。

——不要事先強調要與孩子談論離婚議題。

——說明過程中應尊重孩子，讓他們先說。

——給孩子大量時間。

——談話後不應立即消失，給孩子找到您再次進行溝通或尋求安慰的方法。

——選擇一個孩子熟悉、隱密及具有安全感的場所。

當父母準備好要與孩子溝通時，需留意以下幾點：

■兩大重要訊息的傳遞

——讓孩子了解並相信離婚不會改變父母對他的愛，並會永遠照顧他。

——行動要和說的一致。

■肢體語言

——注意肢體語言以及語調。

——和孩子說話時蹲下與孩子在同一平面，不要高高在上讓孩子仰視。

——有眼神交流，但不是一直盯著他們看。

——聆聽的時候輕輕地靠上孩子。

——不吝給予擁抱。

——孩子說話的時候記得點頭、微笑並表示認同。

■對話過程中的注意事項

——對話過程中應減少電話、電腦等干擾。

——不要抱怨對方，更不要在孩子面前一直情緒性地追究離婚責任。

——注意自己的肢體語言，避免如：冷笑、反諷或批判等行為。

——不要讓情緒失控，包含憤怒或難過，不應提高音量或聲淚俱下。

——不應指責對方。

因應父母離婚的狀態不同，也會影響到怎麼去與孩子說明離婚，以下將離婚狀態區分為三類，並列點說明需注意的事項：

(1)**好聚好散的離婚**：好聚好散離婚的父母，雙方在子女的議題上相對有較好的溝通能力，能和睦做出養育計畫，並讓生活步調保持順暢。彼此更可能一起和孩子們解釋離婚，因為此種父母在先前傾向盡可能不讓孩子接觸他們自身的衝突，所以孩子在聽聞父母離婚的時候可能會很訝異。重要的是要宣洩對婚姻不順遂的難過與失望，並鼓勵孩子也表達他的感受。注意事項如下：

——確定要離婚後再告訴孩子。

——父母一起討論好一份親職照顧計畫。

——一起和孩子說明。

——簡單的分享自身的感受，藉此讓孩子知道，離婚雖然讓父母難過，但父母已接受及正向思考日後的生活。

——對孩子表現關愛。

——多聽少說。

——持續追蹤孩子的狀況，並鼓勵他們在消化父母所說的資訊後問問題。

★範例

媽媽：「我們有一件重要的事要告訴你。爸爸和我最近無法好好的相處，即便我們努力了一段時間，還是有一些大人的問題無法解決，所以我們無法繼續一起生活了。」

爸爸：「我知道聽到這些你可能會很難過，這也讓我們很痛苦，但我和媽媽已經決定離婚了，就是我們不會一起生活。之後我會搬到另一個房子住，那裡也會有一間你自己的房間，如果你想去，禮拜天我可以帶你去看。」

孩子：「那媽媽要住哪？」

媽媽：「我會繼續住在這裡，爸爸和我有一個計畫，你有時候住他那、有時後住我這。我們想讓你知道這些都不是你的錯，我們依然是你的爸爸和媽媽，我們對你的照顧及愛並不會有任何的改變。」

爸爸：「是的，離婚是大人的事，從來就和小孩無關，媽媽和我永遠都愛你也永遠都是你的父母。你有什麼想問的嗎？」

孩子：「我要去另一個學校嗎？」

媽媽：「噢～對，這的確是個好問題，學校的一切都不會改變，你還是可以和你的好朋友們在一起，而且繼續參加你喜歡的才藝課程。」

爸爸：「我們知道這是個很大的改變，但我們會盡力不影響到你的生活。你如果有任何問題都可以來找我們。」

(2)**怒目咬牙的離婚：**有時單方或雙方已被破壞婚姻的因素深深傷害，以至於他們除了憤怒以外，感受不到其他情緒。他們表達情緒的方式包含缺乏合作、權力掙扎和意圖復合。在這種衝突中，父母往往無法跳脫痛苦去看見孩子的真正需求，相反地，他們會將孩子捲入衝突中，要他們選邊站並離間孩子與對方的關係。這對孩子的傷害遠超過任何事物。

眾多研究顯示，讓孩子參與父母的爭吵中，對孩子將有巨大的負面影響，包含在學校表現、生理健康、心理健康、同儕關係及與其他長輩的關係等等。

在孩子面前表現出對另一方的憤怒，就宛如逼迫孩子吃下一湯匙一湯匙的毒，那將對孩子帶來極大的傷害。若您處於怒目咬牙離婚的狀況中，您應該先：

一、處理您的憤怒，您需要了解真實狀況，接著開始改正它。

二、隨時隨地注意自身的言行，避免讓孩子聽到及看到您批評對方的話語及行為，這雖然很困難，但卻極為重要。

當你準備好要告訴小孩離婚的事情時，如果您無法和對方共處一室，就安排分別和孩子對話。注意事項如下：

——如果可能，在和孩子說明前先取得親子教養的共識。

——若有數個孩子，分別和他們說。

——分享您的感受但不包含咒罵對方。

——聽聽孩子在乎什麼。

★範例

媽媽：「你的爸爸和我有一些想法，我很不願讓你面對，我想那會讓你感到驚訝。」（等待孩子的回覆）

媽媽：「我們努力過想讓事情變好，但真的無法。我們將要離婚了，意思是我們不會住在一起，但我們仍然是你的爸爸和媽媽。我們會有一個計畫關於分別和你相處的時間，現在起，你週間會和我住在一起，禮拜六、日則和你爸爸住，這些讓我們很難過，但我們都覺得這是對彼此最好的。無論如何都不是你的錯，我們對你的愛不會有任何改變。有很多事情需要要了解對吧？你有想問什麼嗎？」（等待回覆）

媽媽：「你現在沒有沒關係，我們有很多時間，等到你想說的時候再來討論。爸爸和我會一直照顧你，只是你現在有了兩個家。」

(3) **貌合神離的離婚：**貌合神離離婚中，相對於好聚好散離婚或怒目咬牙離婚，父母間的互動較為漠然、疏遠。貌合神離父母往往內心已認定雙方的婚姻早已結束了，彼此並不會有太多情緒交流。此種情況下，好處是孩子較少接觸父母的衝突，但同時他們也不會看見父母間有愛的互動。聽到父母離婚的消息時，有時孩子可能不會感覺到驚訝。和孩子說明離婚的時候，父母都要遵守：孩子應該要知道他們不會是被咎責的對象，他們被父母愛著，而且父母會一直陪伴著他們。注意事項如下：

——分享您的感受，表現出您的難過或失望。
——對孩子表現關愛。
——保護孩子遠離您的情緒。
——鼓勵孩子問問題並給出合適的答案。

此部分可參考上述二種範例，根據父母的狀況，決定一起（參照好聚好散離婚的劇本）或分別（參照怒目咬牙離婚的劇本）和孩子說。無論在何種情況，至少要有一方在談話後追蹤孩子的狀況。

孩子可能會有的反應

1. **為什麼這些會發生在我身上？**孩子當然會因為父母離婚感到受傷，畢竟那影響了他的家庭核心。不要對孩子的種種反應感到意外，反而可以據此讓彼此連結更深，在孩子隨時需要的時候都能和您說說話，並盡全力維持孩子原本正常的生活步調。

2. **這些是我的錯嗎？**我們越想保護孩子，對他們來說負擔越大，讓他們認為父母分開是因為他們，孩子往往會誤解大人的話，所以與（前）伴侶說話時務必注意，並明確地讓孩子知道無論如何離婚從來都不是他們的錯。

3. **我會怎麼樣？**孩子最害怕的往往是：「那誰來照顧我？」父母可以主動詢問孩子有什麼問題，並保證不會遠離孩子。

4. **未來會怎麼樣？**未來的巨大不確定性讓孩子們感到恐懼，有時他們反而會陷入父母會恢復原本型態的幻想中，而家中經濟問題也會使孩子有更多擔憂，故父母應該幫助孩子認清恐懼，並依年齡給予合適的引導，同時也要釐清自己的憂慮。

5. **好像沒人看得到我。**在離婚過程中到離婚後，許多父母都逐漸減少對孩子的關注，又或者孩子們會體貼地刻意減少父母對其煩惱的頻率，但父母無論何時都仍應扮演好照顧者的角色，並真誠地理解孩子的需要，同時處理好成人的情緒。

6. **我要站在媽媽還是爸爸那一邊啊？**應鼓勵孩子愛父母雙方，把他們排除在大人們的衝突之外。

7. **爸爸／媽媽還好嗎？**情緒不失控，但在孩子面前能夠說出真正的感受，同時也要告訴他們，您對事情的發展有所掌握。

8. **爸爸／媽媽再也不愛我了。**孩子們最大的恐懼莫過於擔心失去父母的愛，故父母應該在言語或行動上不斷地傳遞您會愛著他們的訊息，多花時間陪伴他們，並盡可能維持孩子習慣的生活型態。

如何回答孩子所問的棘手問題？

孩子對父母離婚這件事會有許多的疑問，但面對孩子的問題有時總會不知道該如何回應？當孩子提出他們對離婚的疑問時，父母所說的話對他們而言都十分重要，所以當您的孩子問了您一些棘手的問題，他背後是有些原因的，例如：擔心是不是自己的錯、擔心自己被拋棄、害怕沒有人照顧自己、擔心生活會有很巨大的改變、想看到另一方又不敢直說等等。

面對孩子這些問題，我們首先要做的是：

——同理孩子問題背後的情緒及想法。

——給予清楚而具體的回應，如：會住在哪裡？是否需要轉學？爸媽怎麼接送？

——給予保證會以最小變動為原則。

——保證對孩子的愛不會改變。

——爸爸媽媽要主動積極地創造孩子與另一方的互動。

以下利用案例來示範面對孩子的問題時，父母可以如何回答。

■案例一：爸爸／媽媽會去哪裡？

情境一：阿明的爸爸媽媽決定離婚了，兩人協議由爸爸照顧阿明，爸爸在跟阿明說明之後的生活安排，當下阿明問爸爸「那媽媽會去哪裡？」

爸爸：「你擔心媽媽會不見嗎？媽媽只是搬到另一個地方住，我跟媽媽也正在討論以後你們見面的時間，如果你想見媽媽，或許我們可以打電話。」

情境二：阿明的爸爸媽媽決定離婚了，兩人協議由媽媽照顧阿明，因此媽媽決定帶著阿明搬回娘家住，媽媽正在跟阿明說明之後的生活安排，當下阿明問媽媽「那爸爸會去哪裡？」

媽媽：「爸爸還是會住在原本的家，你不用擔心，我跟爸爸已經討論好周六我會送你去爸爸家，之後爸爸會送你回來。」

■案例二：為什麼你們不住在一起？

媽媽：「我知道你希望全家人住在一起，但我跟爸爸住在一起容易吵架，所以我們決定分開住，而我們不住在一起不是你的錯，我們都很愛你。」

■案例三：那你們會和好嗎？

爸爸：「我知道你不希望我們離婚，但是這是不可能的，我們都還是你的爸爸媽媽，就算我們離婚了，還是會好好照顧你。」

■案例四：當別人問我父母為什麼離婚時，我要怎麼回答？

爸爸：「我知道要回答這個問題並不容易，你可以選擇要透露多少內容，也可以選擇要不要講這件事情；但無論如何，我希望你知道，爸爸跟媽媽因為住在一起容易吵架，所以現在必須分開生活，這並不是你的錯，你也仍然可以與你的朋友保持聯絡。」

■案例五：我一定要轉學嗎？可以不要嗎？這樣我怎麼跟我的朋友聯絡？

爸爸：「小寶，爸爸、媽媽沒有要住一起了，你之後要跟著爸爸住，我們要搬家，你就沒有辦法在原來的學校讀書了，爸爸會幫你辦轉學。」

小寶：「為什麼！我一定要轉學嗎？我不想，這樣我怎麼和朋友聯絡？我不要和朋友分開。」

爸爸：「小寶，我知道你會捨不得，在離開之前，我們可以找你的好朋友來吃個飯，我們可以拍很多很多的照片，到新家你想他們的時候就可以拿出來看，你想他們的時候，還是可以和他們聯絡，你回媽媽家的時候，還是可以和他們玩。轉學是不得已的決定，爸爸會陪著你。」

■例六：你們生我的時候有問過嗎？現在又要幫我決定跟誰住嗎？

媽媽：「你現在的心情一定很不好受，感覺什麼事情都被大人決定了，特別是現在又要面對我們分開的事實、被迫以後跟爸爸住。但是不用擔心，以後你會有固定時間跟我住，你可以用自己的想法佈置房間，也可以決定遇到困難或想我的時候打電話給我，請記得媽媽永遠愛你。」

（全文完）

參考資料

謝秀芬著。2006。《社會個案工作：理論與技巧》。台北市：雙葉。

蘇淑芳（2007.03.15）。〈家庭的三角關係——共親職之探討〉。網路社會學通訊第61期，取自http://mail.nhu.edu.tw/~society/e-j/61/61_69.htm

Flaherty S. C. , Sadler L. S. A review of attachment theory in the context of adolescent parenting. J Pediatr Health Care. 2011;25(2):114 121. doi:10.1016/j.pedhc.2010.02.005

Jocelyn Block, M.A. and Melinda Smith, M.A. Last updated(2019.11)。*Co-Parenting Tips for Divorced Parents*。取自https://www.helpguide.org/articles/parenting-family/co-parenting-tips-for-divorced-parents.htm

McBride, Jean. *Talking to Children about Divorce*. CA: Althea Press, 2016。

Wetchler, J. (Ed.), Hecker, L. (Ed.). (2015). *An Introduction to Marriage and Family Therapy*. New York: Routledge, https://doi.org/10.4324/9781315809878. (Original work published 2003)

國家圖書館出版品預行編目資料

合作父母與親子會面：一群本土社工的看見 / 黃心怡、謝子瓔、劉
于瑞、宋名萍、蕭丞芳著. -- 初版. -- 臺北市：啟示出版：家庭傳媒城
邦分公司發行, 2020.06
　　面；　公分. --(Talent系列；48)

ISBN 978-986-98128-9-4 (平裝)

1.親子關係　2.家庭關係

544.1   109007286

Talent系列48

合作父母與親子會面——一群本土社工的看見

授　　權　人／財團法人現代婦女教育基金會
作　　　者／黃心怡、謝子瓔、劉于瑞、宋名萍、蕭丞芳
總　策　劃／鄭玉英
企畫選書人／彭之琬
總　編　輯／彭之琬

版　　　權／黃淑敏、邱珮芸
行 銷 業 務／莊英傑、王瑜、周佑潔、華華
總　經　理／彭之琬
事業群總經理／黃淑貞
發　行　人／何飛鵬
法 律 顧 問／元禾法律事務所王子文律師
出　　　版／啟示出版
　　　　　　臺北市104民生東路二段141號9樓
　　　　　　電話：(02) 25007008　傳真：(02)25007759
　　　　　　E-mail:bwp.service@cite.com.tw
發　　　行／英屬蓋曼群島商家庭傳媒股份有限公司城邦分公司
　　　　　　台北市中山區民生東路二段141號2樓
　　　　　　書虫客服服務專線：02-25007718；25007719
　　　　　　服務時間：週一至週五上午09:30-12:00；下午13:30-17:00
　　　　　　24小時傳真專線：02-25001990；25001991
　　　　　　劃撥帳號：19863813；戶名：書虫股份有限公司
　　　　　　讀者服務信箱：service@readingclub.com.tw
　　　　　　城邦讀書花園：www.cite.com.tw
香港發行所／城邦（香港）出版集團
　　　　　　香港灣仔駱克道193號東超商業中心1F E-mail: hkcite@biznetvigator.com
　　　　　　電話：(852) 25086231　傳真：(852) 25789337
馬新發行所／城邦（馬新）出版集團【Cite (M) Sdn Bhd】
　　　　　　41, Jalan Radin Anum, Bandar Baru Sri Petaling, 57000 Kuala Lumpur, Malaysia.
　　　　　　電話：(603) 90578822　傳真：(603) 90576622
　　　　　　Email: cite@cite.com.my

封 面 設 計／李東記
排　　　版／極翔企業有限公司
印　　　刷／韋懋實業有限公司

■2020年6月30日初版　　　　　　　　　　　Printed in Taiwan
■2023年12月5日初版4.5刷

定價360元